참 쉬운
뚝딱 한국사

1

참 쉬운 뚝딱 한국사 ❶
선사 시대 ~ 남북국 시대

1판 1쇄 펴냄 2022년 4월 19일
1판 2쇄 펴냄 2022년 8월 2일

글쓴이	김원미
그린이	강혜숙
감수 및 추천	서울 초등사회교과교육연구회
펴낸이	박상희
편집 주간	박지은
편집 진행	김지호
기획 · 편집	박물관북스
디자인	아이디어스푼
펴낸곳	㈜비룡소 출판등록 1994.3.17.(제16-849호)
주소	06027 서울시 강남구 도산대로1길 62 강남출판문화센터 4층
전화	영업 02-515-2000 편집 02-3443-4318, 9 팩스 02-515-2007
홈페이지	www.bir.co.kr
제품명	어린이용 반양장 도서
제조자명	㈜비룡소
제조국명	대한민국
사용연령	3세 이상

ⓒ 김원미, 강혜숙, 박물관북스 2022. Printed in Seoul, Korea.

ISBN 978-89-491-8274-2 74910 / ISBN 978-89-491-8280-3 (세트)

참 쉬운

뚝딱 한국사 ①

선사 시대 ~ 남북국 시대

김원미 글 강혜숙 그림
서울 초등사회과교육연구회 감수 및 추천

비룡소

차례

1장

010 역사란 무엇일까요?

- **012** 역사란 과거에 있었던 일
- **014** 과거에 일어난 일을 기록한 역사 시대
- **016** 글자가 없던 선사 시대
- **018** 역사를 알아야 하는 이유
- **020** 역사는 어떻게 배워야 할까?

- **022** 단원 정리

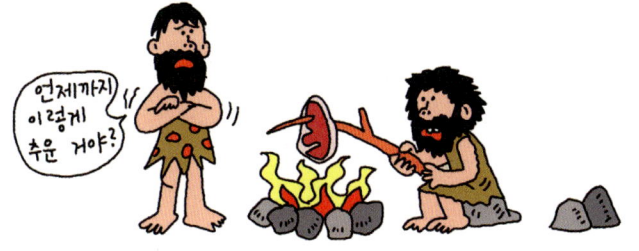

2장

024 구석기와 신석기 시대

- 026 • 채집을 하고 사냥을 하던 구석기
- 028 • 400만 년 전 구석기 시대는 어땠을까?
- 030 • 돌을 딱! 깨뜨리거나 툭! 떼어 만든 뗀석기
- 032 • 아늑하고 따뜻한 집, 동굴
- 034 • 무엇을, 어떻게 먹었을까?
- 036 • 두 발로 곧게 선 사람들
- 038 • 멧돼지 한 마리가 준 선물
- 040 • 따뜻해지고 먹을 것이 많아진 신석기
- 042 • 이제 농사를 짓고 가축을 길러요
- 044 • 한곳에 머물러 살며 움집을 지었어요
- 046 • 친척끼리 마을을 이루고 살았어요
- 048 • 쓱싹쓱싹 돌을 갈아서 만든 간석기
- 050 • 더 날카롭고 단단하게! 더 다양해진 간석기
- 052 • 최초의 발명품, 토기
- 053 • 실로 만든 옷을 입고, 조개 팔찌로 뽐냈어요

- 054 • 단원 정리

3장

056 청동기, 철기 시대와 첫 번째 나라, 고조선

- 058 • 농사가 점점 발달해요!
- 060 • 더 많은 곡식을 거두고, 인구도 늘어나다!
- 062 • 부족들끼리 전쟁을 했어요
- 064 • 지배자의 힘을 상징하는 청동기
- 066 • 우리 역사 속 첫 나라, 고조선이 세워지다
- 067 • 고조선이 세워진 이야기, 단군 신화
- 068 • 단군 신화 속 숨은 이야기
- 069 • 단군왕검은 제사장이자, 지배자
- 070 • 법으로 나라를 다스렸어요
- 072 • 내가 죽더라도 흔적을 남겨라, 고인돌
- 074 • 고조선에 중국의 위만이 들어오다
- 075 • 철기 문화를 받아들이다
- 076 • 고조선이 중국 한나라에 멸망하다
- 077 • 여기저기로 흩어진 고조선 사람들
- 078 • 강력한 철기로 세워진 나라들

- 080 • 단원 정리

4장

082 고구려, 백제, 신라 삼국이 세워지다

- 084 ● 알에서 태어난 사람들이 나라를 세우다
- 086 ● 활을 잘 쏘는 주몽이 세운 고구려
- 088 ● 고구려 건국
- 090 ● 주몽의 아들 온조가 세운 백제
- 092 ● 백제 건국
- 094 ● 알에서 태어난 혁거세가 세운 신라
- 096 ● 신라 건국
- 098 ● 작전명, 한강을 차지하라!
- 100 ● 맨 먼저 한강을 차지한 백제
- 102 ● 백제가 전성기를 맞이했어요
- 104 ● 전쟁을 통해 성장한 강한 나라, 고구려
- 106 ● 고구려를 강한 나라로 만든 광개토 대왕과 장수왕
- 108 ● 신라를 발전시킨 지증왕과 법흥왕
- 110 ● 신라의 전성기를 이끈 진흥왕
- 112 ● 삼국이 한강을 차지한 순서
- 114 ● 꽃처럼 아름다운 소년들, 화랑!
- 116 ● 철의 나라, 가야
- 118 ● 가야의 철기 문화와 대표 인물

- 120 ● 단원 정리

5장

122 하나로 통일한 신라, 고구려를 계승한 발해

- 124 ● 고구려 vs 수나라
- 126 ● 고구려 vs 당나라
- 128 ● 삼국의 운명을 바꾼 세 사람
- 130 ● 신라, 당나라와 손을 잡다
- 132 ● 나당 연합군, 백제와 고구려를 공격하다!
- 134 ● 욕심을 드러내는 당나라
- 136 ● 삼국을 통일하고, 당을 몰아낸 신라
- 138 ● 삼국에 불교 문화유산이 많은 까닭

- 140 ● 단원 정리

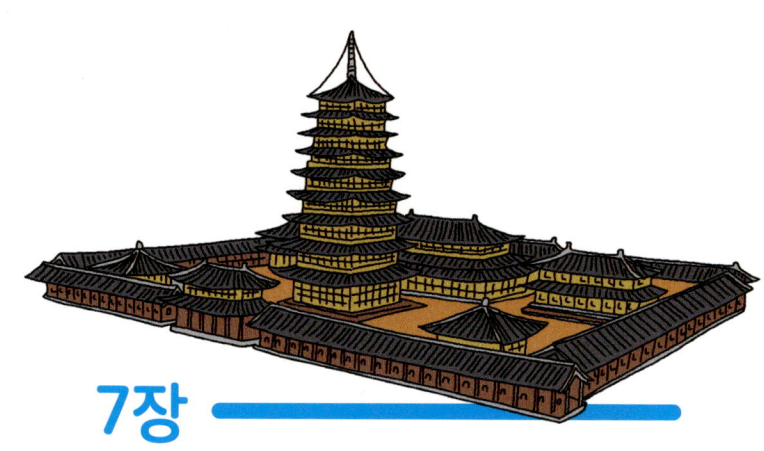

7장

170 교과서보다 친절한
문화, 문화재 이야기

172 ● 고구려로 가는 타임머신, 고구려 벽화와 유물들
176 ● 우아하고 세련된 백제의 문화
180 ● 화려한 황금의 나라, 신라
184 ● 철이 풍부했던 가야의 문화
186 ● 통일 신라의 자랑스러운 문화재

190 ● 이 책에 실린 사진들

6장

142 **평화로운 시대를 맞이하다**

144 ● 문무왕의 마지막 소원
146 ● 신라, 안정과 번영을 누리다!
148 ● 활기찬 신라의 수도, 금성
150 ● 흥덕왕의 사치 금지령
151 ● 신라의 신분 제도, 골품제
152 ● 비단길의 동쪽 끝, 신라
154 ● 신라에 사는 서역인들
156 ● 외국으로 간 신라 사람들
158 ● 고구려의 옛 땅에 세워진 발해
160 ● 교류하는 발해, 성장하는 발해
162 ● 발해, 해동성국으로 발전하다
164 ● 발해, 거란에 멸망하다
166 ● 발해가 고구려를 계승했다는 증거를 찾아라!

168 ● 단원 정리

초등 사회 교과 연계표

「참 쉬운 뚝딱 한국사」 시리즈는
현행 초등 사회 교과서의 교과 내용을 연계하여 구성했습니다.

사회

3학년 1학기　　2단원 우리가 알아보는 고장 이야기
　　　　　　　　　　(1) 우리 고장의 옛이야기
　　　　　　　　　　(2) 우리 고장의 문화유산

3학년 2학기　　2단원 시대마다 다른 삶의 모습
　　　　　　　　　　(1) 옛날과 오늘날의 생활 모습

4학년 1학기　　2단원 우리가 알아보는 지역의 역사
　　　　　　　　　　(1) 우리 지역의 문화유산
　　　　　　　　　　(2) 우리 지역의 역사적 인물

5학년 2학기　　1단원 옛사람들의 삶과 문화
　　　　　　　　　　(1) 나라의 등장과 발전

서울 초등사회교과교육연구회가
「참 쉬운 뚝딱 한국사」 시리즈를 추천합니다.

많은 아이들이 한국사를 외울 것이 많고 어려운 과목이라고 생각합니다.

한국사의 흐름을 이해하지 않고 무조건 외우려고만 하니

지루하고 따분하게 느껴질 수밖에 없습니다.

「참 쉬운 뚝딱 한국사」 시리즈는 역사적 인물과 사건에 초점을 맞춰 마치 부모님이

재미있는 옛날이야기를 들려주는 것처럼 설명되어 있어

역사를 처음 접하는 아이들이 한국사에 흥미를 가질 수 있도록 해 주는 책입니다.

또한 각 장의 첫 부분에 해당 주제의 역사 연표를 보여 주어

전체적인 흐름을 잡도록 도와주고,

본문은 핵심 내용을 기억하기 쉬운 그림과 사진으로 표현하여

어린이 스스로 학습한 내용을 체계화하고, 이해할 수 있도록 구성했습니다.

'단원 정리'에는 초등학교 수준에서 어려운 역사 용어와 유물,

인물 등을 정리하고, 공부한 내용을 확인하는 문제가 수록되어 있어

우리 역사에 흥미를 갖고 기본을 다지는 데 도움이 됩니다.

1권에서는 역사란 무엇인가, 역사를 왜 알아야 하는지를 알려 주고,

선사 시대부터 남북국 시대까지 우리나라 역사와 문화재, 유물들을 소개합니다.

초등학생 눈높이에 딱 맞는 「참 쉬운 뚝딱 한국사」 시리즈를 읽으면서

한국사의 큰 흐름을 스스로 이해하고,

역사에 대한 흥미와 자신감을 가져 보세요!

*서울 초등사회교과교육연구회는 초등학교에서 사회를 가르치는 선생님들이
사회를 더 재미있게 가르치기 위해 연구하는 모임입니다.

1장 역사란 무엇일까요?

옛날 사람들은 어떤 옷을 입었고,
무엇을 먹고, 어디에서 잠을 잤을까요?
글자나 그림이 하나도 없던 옛날에
일어난 일들을 어떻게 알아낼 수 있었을까요?
바로 옛날 사람들의 기록, 내려오는 이야기, 많은 문화재와
유적들을 통해 알 수 있어요. 인류가 오랜 시간 동안 겪은
변화와 과정, 또는 그 기록을 역사라고 하지요.
역사는 왜 알아야 하고, 어떻게 공부해야 할까요?
지금부터 함께 알아보기로 해요.

역사 속에 있었던 사건들을 영화나 드라마로 본 적 있지? 이번에는 『뚝딱 한국사』를 읽으면서, 역사를 쉽고 재미있게 알아보자!

읽으면서 모르는
역사 낱말을 배워요.

알다 역사 용어

왜 그 사건이 일어나서
어떻게 되었는지
이유와 과정에 대해 생각해 봐요!

궁금하다! 역사 생각

역사 인물
만나다

시대에 따라 등장하는
역사 인물을 조사해 봐요!

역사적인 장소, 잘 설명해 놓은
박물관 등을 직접 찾아가 봐요!

보다 역사 유물

시대를 대표하는 유물들,
문화재를 찾아봐요!

가다 역사 장소

 역사란 과거에 있었던 일

역사란 무엇일까요?

시간은 매일매일 흘러가고 있어요.

어제처럼 이미 지나간 시간은 과거,

오늘인 지금은 현재,

다가올 시간인 내일은 미래라고 해요.

역사는 과거에 있었던 여러 가지 일을 말해요.

✏️ 역사가 무슨 뜻인지 큰 소리로 읽어 보고, 우리 집 가계도를 그려 보세요.

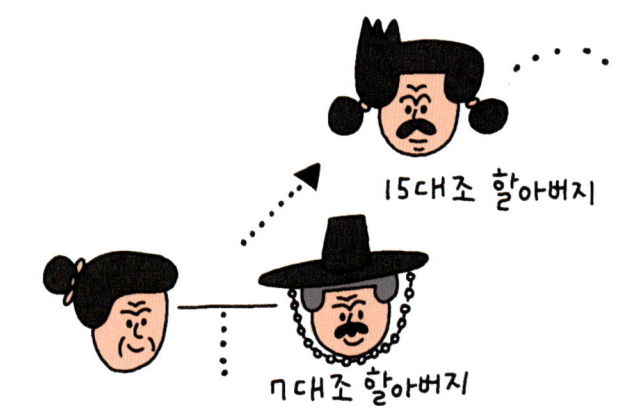

옛날 옛날에,
사람들은 무엇을 먹었을까요?
어떤 집에서 살았을까요?
무슨 일을 하면서 살았을까요?
적이 쳐들어왔을 때 어떻게 싸웠을까요?
그리고 우리 조상은 어떤 분들이었을까요?

과거에 일어난 일을 기록한 역사 시대

옛날에 일어난 일은 어떻게 알 수 있을까요?
과거의 일 중에 우리가 꼭 알아야 할 중요한 사건이나 인물들에 대한
이야기를 골라서 역사가가 기록으로 남겨 놓았어요.
이 기록 덕분에 우리는 아주 오래전 일도 자세히 알 수 있어요.
과거에 일어난 일을 기록해 놓은 것도 역사라고 해요.
그리고 역사를 기록해 놓은 때를 역사 시대라고 불러요.

역사 시대가 무엇인지 큰 소리로 읽어 보세요.

글자가 없던 선사 시대

글자가 없어서 역사를 기록할 수 없던 때를 선사 시대라고 해요.
역사 시대가 시작되기 전의 시대라는 뜻이에요.
그럼 선사 시대의 역사는 어떻게 알 수 있을까요?

내가 선사 시대에 살았다면 나의 하루는 어땠을지 생각해 보세요.

선사 시대는 그때 사람들이 남긴 여러 가지 유물과 유적으로
그들이 어떻게 살았는지 알 수 있어요.
주먹도끼 같은 유물, 동굴처럼 살았던 장소,
바위에 그려 놓은 그림 등에서
선사 시대 사람들의 흔적을 발견할 수 있거든요.

선사 시대는 그때 썼던 도구를 기준으로 다시
구석기 시대와 신석기 시대로 나뉘어요.
돌을 떼어 만든 뗀석기를 사용한 시대를 '구석기 시대'라고 해요.
그 후, 시간이 흘러 돌을 더 뾰족하게 갈아서 만든
간석기를 사용한 시대를 '신석기 시대'라고 하지요.

역사를 알아야 하는 이유

역사는 왜 알아야 하지요?
역사를 공부하면 현재를 잘 이해할 수 있어요.
여러분이 자라서 훌륭한 사람이 되었다고 생각해 보세요.
많은 사람들은 여러분의 어린 시절이 무척이나 궁금할 거예요.
이 사람은 어떻게 어린 시절을 보내서, 훌륭한 어른이 되었을까? 하고요.
이때 어린 시절의 사진이나 일기 같은 기록이 있다면,
여러분을 더 쉽게 설명할 수 있겠지요?

역사를 알면, 오늘을 더 잘 살아갈 수 있어요.
옛날 사람들이 살았던 모습을 통해,
좋은 것은 그대로 쓰고, 불편한 것은 고치고,
잘못된 것은 다시 일어나지 않도록 노력하고,
없던 것은 새로 만들면 세상이 점점 나아질 수 있거든요.

📷 내가 태어났을 때부터 지금까지를 사진으로 정리해 보세요.

역사는 어떻게 배워야 할까?

역사 공부는 어떻게 해야 할까요?
역사를 그냥 달달 외우면 된다고요? 아니에요.
우리 글자인 한글을 만든 사람은 누굴까요?
세종 대왕이에요. 이름만 달달 외우면 될까요?
먼저, 세종 대왕이 왜 한글을 만들었는지,
세종 대왕은 어떻게 왕이 되었는지, 뭘 중요하게 생각했는지,
백성들을 위해 어떤 일을 했는지 알기 위해 책을 읽어요.
그다음에 궁궐이나 박물관에 가서 그곳에서 해설사 선생님의
이야기를 들어 보아요. 유물도 눈으로 직접 확인하고요.
그러면 궁금했던 것들을 확실하게 알 수 있고,
오래도록 기억할 수 있어요.

단원 정리

알다 — 역사 용어

☑ **선사 시대**
역사 기록이 없는 시대.

☑ **역사 시대**
역사를 글자로 기록하기 시작한 시대.

☑ **유물**
옛날 사람들이 남겨 놓은 물건. 책, 도자기, 탑 등.

☑ **유적**
옛날 사람들의 흔적을 찾아볼 수 있는 곳.
암사동 유적지, 경주 신라 유적지, 부여 유적지 등.

만나다 — 역사 인물

역사학자
역사를 전문적으로 연구하고 기록하는 사람.

고고학자
옛날 사람들이 남겨 놓은 유물과 유적을 발굴하고 연구하는 사람.

궁금하다! — 역사 생각

☑ **역사가 뭘까?**
역사는 과거에 있었던 여러 가지 일을 말해요.

☑ **과거를 어떻게 알 수 있을까?**
옛날 사람들이 남겨 놓은 유물, 유적, 그리고 과거의 일을 기록한 것으로 알 수 있어요.

☑ **왜 역사를 공부해야 할까?**
과거를 알면, 현재를 잘 알 수 있고, 더 나아지게 할 수 있어요.

가다 — 역사 장소

국립중앙박물관
선사 시대부터 근대 유물, 그림, 도자기 등 우리의 역사와 문화를 볼 수 있는 우리나라 대표 박물관.

국립한글박물관
우리 한글이 어떻게 만들어지고 발전해 왔는지를 보여 주고, 한글과 관계있는 여러 전시회가 열리는 우리나라 글자 박물관.

보다 역사 유물

훈민정음 해례본
세종대왕이 한글을 만든 이유와 과정이 기록으로 남아 있음.

반구대 암각화
신석기부터 청동기 시대까지 사람들이 고래를 사냥하거나 가축을 기르던 모습을 남긴 바위그림.

확인하기

01 ( ) 안에 알맞은 낱말을 채워 보세요.

> 보기: 선사 시대, 역사 시대, 역사

과거에 일어난 일을 기록해 놓은 것을 ( )라고 해요.
역사를 기록해 놓은 때를 ( )라고 불러요.

02 다음 글을 읽고, 맞으면 O, 틀리면 X를 하세요.

① 선사 시대는 글자로 기록한 시대이다. ( )
② 과거는 옛날 사람들의 기록으로만 알 수 있다. ( )
③ 글자로 역사를 기록한 시대를 역사 시대라고 한다. ( )

03 다음 중 역사를 제대로 공부하는 친구를 모두 골라 보세요.

① 역사는 무조건 달달 외워야 해! 태정태세문단세~~~
② 재미있는 어린이 역사책을 읽으면 좋아.
③ 유적지나 박물관에 가면 역사를 생생하게 느낄 수 있어.
④ 역사책을 베고 자면 저절로 역사를 잘하게 돼.

풀이 01 역사, 역사 시대 02 ① X ② X ③ O 03 ②, ③

2장
구석기와 신석기 시대

약 400만 년 전 인류는 지구에 나타나 살기 시작했어요.
그런데 처음부터 지금의 우리와
같은 모습이었을까요?
그들은 어떤 집에 살고, 무엇을 먹고,
어떤 도구를 썼을까요?
우리가 구석기, 신석기라고 부르는,
지금부터 까마득한 옛날로 돌아가
자세히 알아보기로 해요.

약 400만 년 전
최초의 인류,
오스트랄로피테쿠스가 등장함.

250만 년 전
호모 하빌리스,
도구를 사용함.

50만 년 전
호모 에렉투스,
불을 사용함.

20만 년 전
호모 사피엔스가
등장함.

270만 년 전
구석기 시대가
시작됨.

기원전 8000년 경
신석기 시대가
시작됨.

채집을 하고 사냥을 하던 구석기

지구에 언제부터 사람이 살기 시작했을까요?
약 400만 년 전이에요.
정말 까마득하게 멀고 먼 옛날이지요. 막 '구석기 시대'가 시작된 때이지요.
구석기 시대의 사람들은 채집과 사냥으로 먹을 것을 마련했어요.
우리나라에는 언제부터 사람이 살았을까요?
약 70만 년 전부터 살았어요.

 # 400만 년 전 구석기 시대는 어땠을까?

인류의 역사를 24시간이라고 가정했을 때,
구석기는 몇 시간을 차지할까요? 약 23시간 45분이에요.
인류는 나머지 15분 동안 신석기, 청동기, 철기 시대를 거쳐
현재까지 발전한 거예요.
인류 역사의 대부분을 차지하는 구석기 시대에
사람들은 어떻게 살았을까요?

그 사람들은 아주 추운 날씨 속에서 살았어요.
너무 추운 날씨와 조금 따뜻한 날씨가 반복되었는데,
추울 때가 훨씬 많았어요.
땅이 꽁꽁 얼 정도로 추울 때는 먹을 것을 구하기가 어려웠어요.
사람들은 추운 날씨와 배고픔을 이겨 내기 위해
무리 지어 살면서 서로를 의지했어요.

돌을 딱! 깨뜨리거나 툭! 떼어 만든 뗀석기

사람들은 우연히 땅에 떨어져 깨진 돌조각에서 날카로운 부분을 발견하였어요. 사냥이나 채집을 할 때 쓸모가 있겠다고 생각했지요. 평범한 돌멩이를 깨뜨리고 떼어 내자 요리조리 쓸모 있는 도구가 되었어요. 사나운 동물과 맞설 수 있는 든든한 무기가 된 거예요. 뗀석기가 점점 멋진 도구로 발전해 가는 것은 구석기 시대 사람들이 점점 똑똑해지고 있다는 뜻이에요.

나도 한때는 찍고 자르는 만능이었지. 게다가 나는 양날이라고!

나는 나무나 동물의 뼈를 찍을 수 있어.

나무껍질은 내가 잘 벗겼지.

가죽을 벗기거나 고기를 저미는 건 내가 선수였어.

주먹도끼 할아버지   찍개 할아버지   밀개 할머니   긁개 할머니

주먹도끼

현대의 칼을 보면서 주먹도끼 하나로 얼마나 다양하게 쓰였는지 말해 보세요.

뗀석기 조상님들, 안녕하세요?

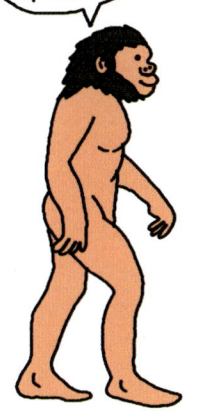

 아늑하고 따뜻한 집, 동굴

구석기 사람들은 다른 동물처럼 자연에서 늘 먹을거리를 찾아다녔어요.
먹을 것을 찾아 자주 이사했기 때문에 집을 짓지 않고,
동굴이나 바위 그늘에서 살았어요.
특히 동굴은 차디찬 바람과 비를 피하고,
사나운 동물로부터 무리를 지킬 수 있는 아늑하고 따뜻한 보금자리였어요.

밥을 먹고, 잠을 자고, 아이를 낳아 키우는 동굴은 사람들에게
무척 소중한 곳이었어요. 사냥이 잘 되길 바라는 마음을 표현하거나
아이들에게 사냥을 가르치기 위해 동굴 벽에 그림을 그리기도 하였어요.
주로 들소나 사슴, 멧돼지와 같은 사냥감을 그렸어요.

무엇을, 어떻게 먹었을까?

구석기 사람들은 주로 동굴 주변에서 나무 열매를 따거나 식물의 뿌리를 캐고, 새의 알을 모았는데, 이런 활동을 '채집'이라고 해요. 구석기 시대에는 대부분 채집을 해서 먹을거리를 구했어요.

사냥에 성공하면 한동안 맛있는 고기를 먹을 수 있어서 행복했어요. 하지만 사냥은 아주 위험했고, 때로 실패하기도 했지요. 시간이 지나고 경험이 쌓이면서 구석기 사람들은 꽤 재주 좋은 사냥꾼이 되었어요. 사냥을 자주 하니까 실력이 날로 좋아졌어요. 그러다가 주변에 먹을거리가 줄어들면 다른 곳으로 옮겨 갔어요.

숲에 저절로 불이 날 때가 있었어요. 바람이 많이 부는 날,
나뭇가지가 서로 부딪치면 산불이 일어났거든요.
불이 꺼진 숲에 갔을 때 구석기 사람들은 알게 되었어요.
불을 이용하면 따뜻하게 지낼 수 있고, 불에 익은 고기가
훨씬 더 맛있다는 것을요.
사람들은 먹는 것과 못 먹는 것을 차츰 알아냈고,
음식을 익혀 먹으며 점점 진화해 갔어요.

채집은 어떻게 하는 것인지 읽어 보세요.

두 발로 곧게 선 사람들

세상에 처음 등장한 인류의 조상은 오스트랄로피테쿠스예요.
처음에는 원숭이와 비슷한 모습이었지만, 시간이 지나면서
초기 인류는 두 발로 곧게 설 수 있게 되었어요.
그러자 두 손이 자유로워졌지요.
우연히 손에 쥔 돌이나 막대기로 먹이를 쉽게 구할 수 있다는 것도
깨달았지요. 그러면서 여러 가지 도구를 사용하기 시작했어요.

인류의 최초 조상은 누구인지 말해 보세요.

 ## 멧돼지 한 마리가 준 선물

사람들은 사냥에 성공하면 고기를 똑같이 나누어 먹었어요.
푸짐한 고기는 한동안 중요한 식량이 되었지요.
동물의 가죽은 옷이나 담요를 만드는 데 사용했어요.
동물의 질긴 힘줄은 잘 말려 밧줄이나 끈 또는 실로 썼고,
동물의 뼈는 뾰쪽하게 갈아 뼈바늘로 만들었어요.
그리고 동물의 이빨과 발톱으로 목걸이나 팔찌를 만들었는데,
우두머리를 표시하거나 제사나 장례를 지내기 위한 도구로 사용하였어요.

구석기 어느 날 멧돼지 사냥하는 날

주먹도끼와 나무창으로 함정에 빠진 멧돼지를 잡아, 사람들이 얻은 것을 모두 말해 보세요.

먼저 멧돼지를 찾아야겠지.

출발

멧돼지 다니는 길에 함정 파기

약 1만 년 전, 지구의 날씨가 따뜻해졌어요. 그러자 환경이 많이 변했어요. 사계절이 뚜렷해지고, 얼음이 녹으면서 땅은 촉촉해지고, 강이나 바다에는 물이 불어난 거예요. 산과 들에는 여러 가지 식물이 자랐고, 몸집이 작고 재빠른 동물들이 많아졌고, 강가나 바닷가에는 물고기와 조개가 많아졌어요. 구석기 시대와는 완전히 다른 이 풍요로운 시대를 '신석기 시대'라고 해요.

와, 구석기 시대와 다르네!

 # 이제 농사를 짓고 가축을 길러요

사람들은 먹을거리가 풍부한 강가나 해안가에 모여
살기 시작했어요. 떠돌아다니지 않고 한곳에 머무르며
사냥하고 채집하면 먹을거리를 충분히 구할 수 있게 되었거든요.

그러다 우연히 흘린 곡식의 씨앗에서 싹이 튼 것을
보게 되었어요. 사람들은 농사를 짓기 시작했지요.
손수 밭을 일구니 얻을 수 있는 곡식의 양이 훨씬 늘어났어요.
이제 먹을 것을 찾아 헤맬 필요가 없었지요.

가축도 기르기 시작했어요. 실패가 잦고 위험한 사냥 대신,
가축을 기르면 원할 때 언제든지 고기와 가죽을 얻을 수 있었어요.

# 한곳에 머물러 살며 움집을 지었어요

봄에 씨를 뿌리고, 가을에 추수를 하려면 한곳에 머물러 살아야 해요.
그래서 사람들은 가축을 기르면서 집을 짓고 머물러 살기 시작했어요.
땅을 판 다음 나무로 기둥을 세우고, 서까래를 만들어
그 위에 풀이나 짚 등으로 지붕을 덮었어요. 이런 집을 '움집'이라고 해요.

움집 →

문자가 있었으면 이런 광고를 했을지도 몰라.

★ 최첨단 화덕

♡ 맛있는 요리
♡ 따뜻한 난방
♡ 어둠을 밝히는 조명

1석 3조

 친척끼리 마을을 이루고 살았어요

신석기 시대에는 농사를 짓고 한곳에 정착하여 살면서, 자연스럽게 친척끼리 마을을 이루었어요. 마을에 생기는 크고 작은 일들은 지혜로운 마을 어른이 이끄는 회의를 통해 함께 의논하였어요.

친척들과 의논하며 살았기 때문에 사람들은 평화롭고 평등하게 지내며 힘든 농사일을 서로 도와주었어요. 한편, 사람의 힘으로 어쩔 수 없는 날씨나 계절의 변화는 자연을 숭배하면서 해결하려고 노력하였어요.

* **숭배**: 훌륭히 여기면서 섬기는 것.

신석기 시대의 마을을 보면서 농사짓는 사람, 토기 만드는 사람을 찾아보세요.

 ## 쓱싹쓱싹 돌을 갈아서 만든 간석기

생활 모습이 달라지자 더 정교한 도구가 필요했어요.
밭을 갈 때, 집을 지을 나무를 벨 때, 고기잡이와 사냥을 할 때
더 날카롭고 단단한 도구가 필요했지요.
사람들은 수백만 년 동안 돌을 깨뜨리기만 해서 썼어요.
그러다가 돌이 뭉툭해지면 갈아서 뾰족하게 만들 수 있다는
사실을 알게 되었어요!
돌을 갈아서 만든 도구라서 '간석기'라고 해요.

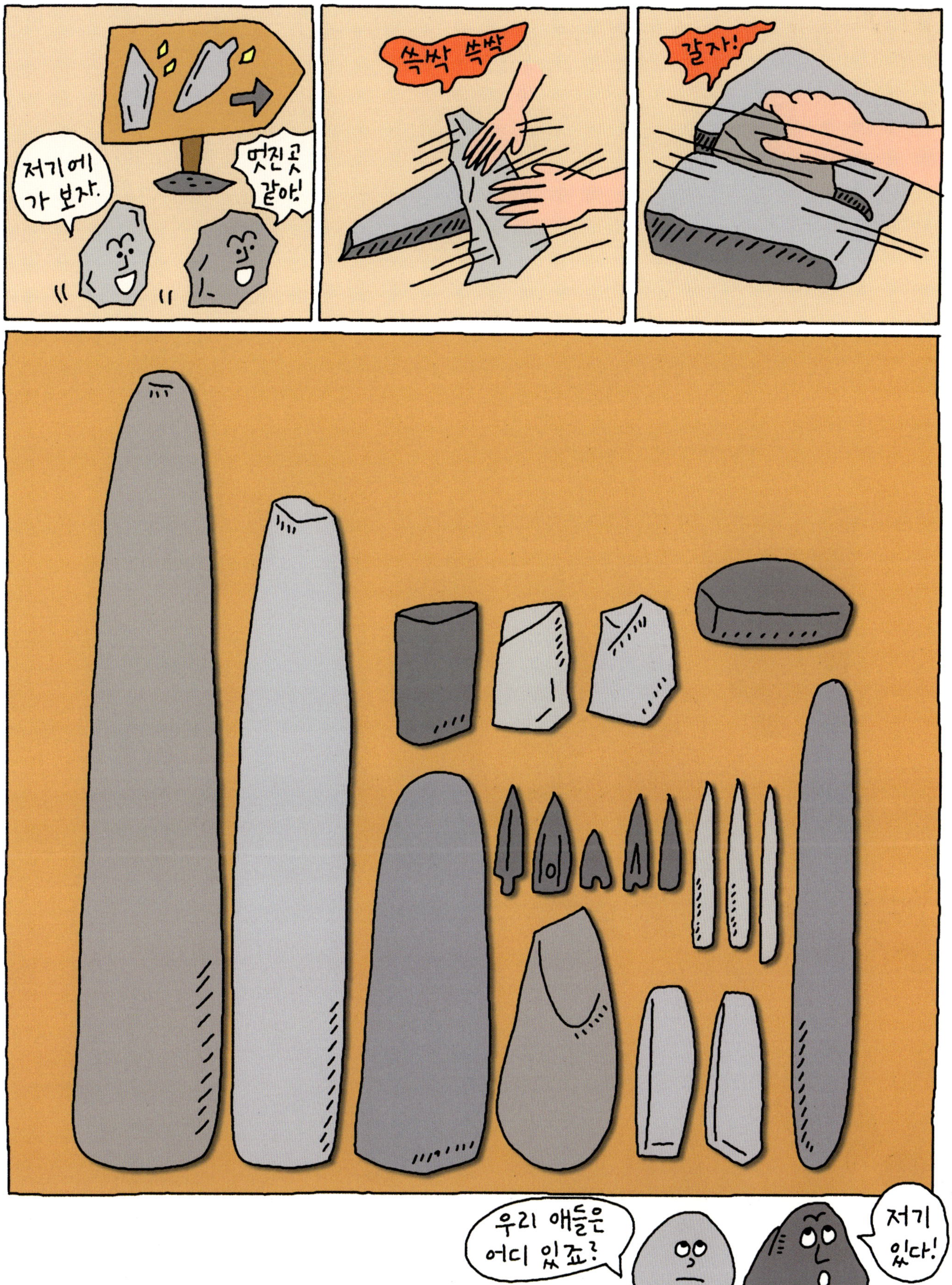

더 날카롭고 단단하게! 더 다양해진 간석기

사람들은 고기잡이와 사냥 기술이 발전하면서, 더 날카롭고 단단한 도구가 필요했어요. 그물 끝에 매다는 그물추, 물고기를 잡는 돌작살, 작고 날렵한 동물들을 사냥하기 위한 화살촉을 많이 만들었어요. 거둬들인 곡물이나 열매의 껍질을 벗기거나 가루로 만들기 위해 갈돌과 갈판을 썼어요. 갈판 위에 곡물이나 도토리 같은 열매를 놓은 다음, 갈돌로 껍질을 벗기고 가루가 될 때까지 왕복으로 밀어서 사용했어요.

↱ 화살촉

↱ 그물추
그물에 매달아 그물이 물속에 가라앉도록 하는 데 사용된 돌로 만든 도구예요.

↱ 갈판과 갈돌

최초의 발명품, 토기

구석기 시대에는 먹을거리가 부족했기 때문에 저장용 그릇이 필요하지 않았어요. 그런데 신석기 시대부터는 농사를 지어 추수를 하면, 한꺼번에 많은 양의 곡식을 저장해야 했기 때문에 토기가 필요했어요. 야외 화덕에서 불을 피우고 남은 재를 청소하던 사람들은 화덕 바닥이 딱딱해진 것을 발견했어요. 신석기 시대 사람들은 흙에 물을 넣고 반죽해서 원하는 모양으로 빚고 뜨거운 불에 구우면 곡식을 저장하는 토기를 만들 수 있다는 것을 알아냈어요.
신석기 시대에 만들어진 대표 토기는 빗살무늬 토기예요.

빗살무늬 토기
그릇 표면에 빗살무늬를 새겨 넣어 만든 신석기 시대의 대표적인 토기예요. 밑부분이 뾰족한 것은 그릇을 땅 속에 쉽게 파묻기 위해서예요. 아랫부분에 있는 구멍은 끈을 꿰어 걸어 두거나 운반하기 위한 거예요.

실로 만든 옷을 입고, 조개 팔찌로 뽐냈어요

사람들은 식물의 줄기에서 섬유를 얻어 가락바퀴를 이용해
실을 뽑았어요. 돌이나 흙으로 만든 가락바퀴에 막대기를 끼우고,
막대기에 섬유를 연결해 가락바퀴를 돌리면 섬유가 꼬여 실이 되었어요.
이렇게 만든 실로 옷감을 짜고, 동물의 뼈로 만든 바늘로 옷을 만들었지요.
사람들은 여러 가지 물건으로 몸치장을 하였어요. 조개껍데기로 만든
팔찌와 목걸이, 동물의 송곳니로 만든 발찌로 멋을 부렸어요.

단원 정리

 알다 역사 용어

- ☑ **시대**
  어떤 기준에 따라 역사의 흐름을 나눈 기간.

- ☑ **구석기 시대**
  사람들이 돌을 떼어 내 도구로 썼던 시대.
  당시 사람들은 동굴에서 생활했고,
  불을 사용하기 시작함.
  먹을 것은 채집과 사냥으로 구했음.

- ☑ **신석기 시대**
  돌을 갈아서 간석기를 만들어 쓴 시대.
  간석기는 뗀석기보다 더 날카로웠음.
  움집을 지어 모여 살고, 농사를 짓기 시작했음.

- ☑ **기원**
  예수가 태어난 해. 최초의 1년.
  서양 사람들이 믿던 기독교가 널리 퍼지면서
  세계가 모두 사용하는 시간의 기준이 됨.

- ☑ **기원전**
  예수가 태어나기 전.
  기원전 1년은 예수가 태어나기 1년 전,
  기원전 100년은 예수가 태어나기 100년 전.

- ☑ **기원후**
  예수가 태어난 후.
  기원후 1년은 예수가 태어나고 1년 후.
  기원후 100년은 예수가 태어나고 100년 후.

- ☑ **세기**
  백 년 단위로 시간을 나눈 것.
  1년부터 100년까지는 1세기,
  501년부터 600년까지는 6세기,
  901년부터 1000년까지는 10세기.
  우리가 지금 살고 있는 21세기는
  2001년부터 2100년까지.

 만나다 역사 인물

진화하는 인류의 조상들

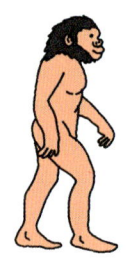  

오스트랄로피테쿠스 — 최초의 사람
호모 하빌리스 — 도구를 이용한 사람
호모 에렉투스 — 똑바로 선 사람

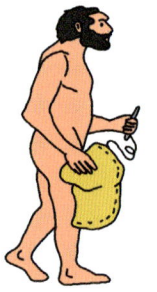 

호모 사피엔스 — 슬기로운 사람
호모 사피엔스 사피엔스 — 아주 슬기로운 사람

 가다 역사 장소

전곡 선사박물관
동아시아 최초의 아슐리안형 주먹도끼가 발견된 전곡리 구석기 유적지에 세운 박물관.

서울 암사동 유적
넓은 공원 안에 복원된 선사 시대의 움집과 움집터를 볼 수 있음.

보다 역사 유물

갈판과 갈돌 신석기 시대에 곡식을 갈기 위해 사용했던 도구.

화살촉 신석기 시대에 사냥을 위해 화살 끝에 달아 사용한 뾰족한 돌.

주먹도끼 구석기 시대의 대표적인 뗀석기 유물.

가락바퀴 신석기 시대에 식물의 줄기에서 실을 만들기 위해 사용한 도구.

빗살무늬 토기 신석기 시대에 음식을 저장하기 위해 사용한 흙으로 만든 그릇.

그물추 신석기 시대에 그물 끝에 매달아서 그물이 물 속에 가라앉게 하는 도구.

확인하기

01 빈칸에 들어갈 알맞은 낱말을 채워 석기 시대의 설명을 완성하세요.

구석기 시대	신석기 시대
• 아주 추운 날이 많았다. • (①)과 채집으로 먹을거리를 구했다. • 이동 생활을 하며 주로 (②)에서 살았다. • 돌을 떼어 내 만든 (③)를 사용하였다. • 불을 사용하였다.	• 날씨가 따뜻해지고 사계절이 있었다. • (④)를 짓고, 움집에서 살았다. • 떠돌아다니지 않고 (⑤)나 바닷가에서 한곳에 모여 살았다. • 돌을 갈아서 만든 (⑥)를 사용하였다. • 음식을 저장하기 위해 (⑦)를 사용하였다.

02 구석기 시대의 생활 모습으로 맞는 설명은 무엇일까요?

① 가락바퀴를 이용해서 실을 뽑았어! ② 빗살무늬 토기에 곡식을 보관했어.
③ 돼지와 닭을 기르기 시작했어. ④ 여기저기 옮겨 다니며 주로 동굴에 살았어.

03 다음 중 신석기 시대에 만들어진 것이 아닌 것을 모두 고르세요.

① 빗살무늬 토기 ② 뗀석기
③ 가락바퀴 ④ 비파형동검

3장
청동기, 철기 시대와 첫 번째 나라, 고조선

무리 지어 살던 사람들은 마을을 이루고,
그 마을은 나라로 발전했어요.
우리나라의 첫 번째 나라, 고조선이 세워졌어요.
돌로 만들어 쓰던 도구는 어떻게 변화했고,
당시 사람들이 살아가는 모습은 어떻게 달려졌을까요?
청동기 시대로 돌아가서 함께 알아볼까요?

기원전 2333년경
단군, 고조선을 세움.

기원전 2000년경
청동기 시대가 시작됨.

기원전 400년경
고조선, 철기를 쓰기 시작함.

기원전 194년
위만, 고조선의 왕위에 오름.

기원전 108년
고조선, 한나라 공격으로 멸망함.

 농사가 점점 발달해요!

농사는 신석기 시대부터 짓기 시작하였어요.
처음에는 경험이 없었기 때문에 농사짓는 기술이 서툴렀어요.
하지만 시간이 지나면서 사람들은 재주 많은 농사꾼이 되었어요.
"여기저기 안 돌아다니는데도 먹을 것이 생기니 참 좋네."

🔍 농경문 청동기에 어떤 그림들이 그려져 있는지 찾아보세요.

농경문 청동기
농사짓는 모습, 항아리에 무언가를 담고 있는 사람이 그려져 있는 특별한 청동기 시대 유물이에요.

밭을 마련하는 일부터 시작이구나.

물이 흐르는 넓은 평야를 밭으로 일구어 기름진 땅을 만들었어요.
단단한 간석기로 다양한 농기구를 만들자,
밭을 갈거나 곡식을 수확하는 일도 쉬워졌어요.
농사지을 수 있는 곡식의 종류도 다양해졌어요.
낟알이 작은 조와 수수, 낟알이 제법 큰
보리와 콩, 그리고 까다로운 벼농사도
지을 수 있게 되었어요.

# 더 많은 곡식을 거두고, 인구도 늘어나다!

농사 기술이 날로 좋아지고 농사지을 땅이 점점 늘어나자,
더 많은 곡식을 거둘 수 있었어요.
이제 곡식은 먹고 남을 정도가 되었지요. 배고픔이 해결되자,
마을의 인구도 늘어났어요.
이렇게 모인 사람들의 집단을 '부족'이라고 해요.

두 그림에서 다른 부분을 다섯 군데 찾아보세요.

열심히 일한 사람들은 자신이 수확한 곡식을 자신의 재산으로 삼았어요.
재산이 점점 쌓이자 부족 중에 재산을 많이 가진 사람이 생겼어요.
그들은 가난한 사람을 부리며 힘이 있는 부자가 되었고,
가난한 사람들은 부자의 다스림을 받아야 했어요.
높은 사람과 낮은 사람으로, 사람들 사이에 신분이 생긴 거예요.
함께 일하고 골고루 나누어 먹던 평등한 세상이 변했어요.

부족들끼리 전쟁을 했어요

재산과 힘을 가진 사람들이 세상을 지배하기 시작하였어요.
부족을 다스리는 부족장은 농사에 알맞은 더 좋은 땅과
더 많은 일손을 얻기 위해 부족을 이끌고 이웃 부족들을 쳐들어갔어요.
전쟁이 시작된 거예요.
전쟁에서 이긴 부족은 땅과 재산이 크게 늘어났어요. 부족의 힘은
더욱 커지고 강해졌어요. 한편 전쟁에서 진 부족은 어떻게 되었을까요?
노비가 되거나 세금을 바쳐야 하는 힘든 삶을 살아야 했어요.

전쟁이 자주 일어나자 사람들은 가족과 재산을 지키기 위해
마을 주변에 높고 튼튼한 울타리를 만들고,
울타리 바깥에는 도랑을 팠어요.
다른 부족들이 쉽게 공격해 오지 못하도록 말이에요.

부족장은 전쟁에서 승리하기 위해
더 날카롭고 단단한 무기를 만들려고 노력하였어요.
그러다가 만들게 된 것이 '청동기'예요.

지배자의 힘을 상징하는 청동기

청동기는 '구리'를 불에 녹인 후 '주석'과 '아연'을 섞어서 만드는 금속 도구예요. 청동기를 가진 부족은 청동기를 갖지 못한 부족보다 힘이 더 셌어요.
"청동기는 돌보다 단단하고 날카로운 무기야."
"거푸집이라는 틀만 있으면, 쇳물을 녹여 빠른 시간 안에 청동검을 많이 만들 수 있지."

청동기는 무엇으로, 어떻게 만들었는지 말해 보세요.

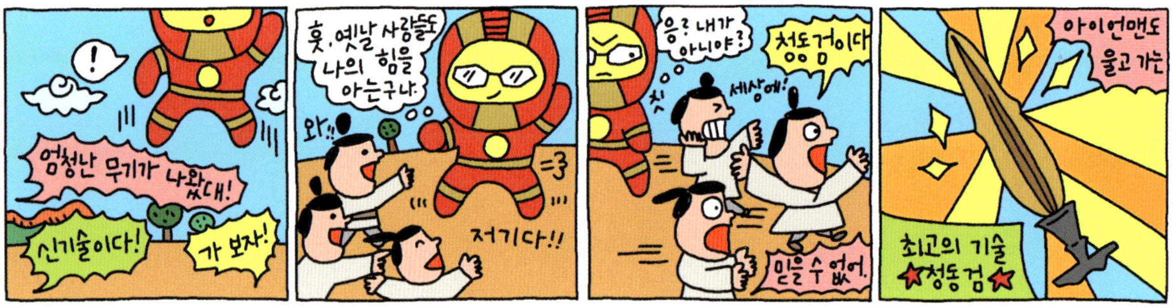

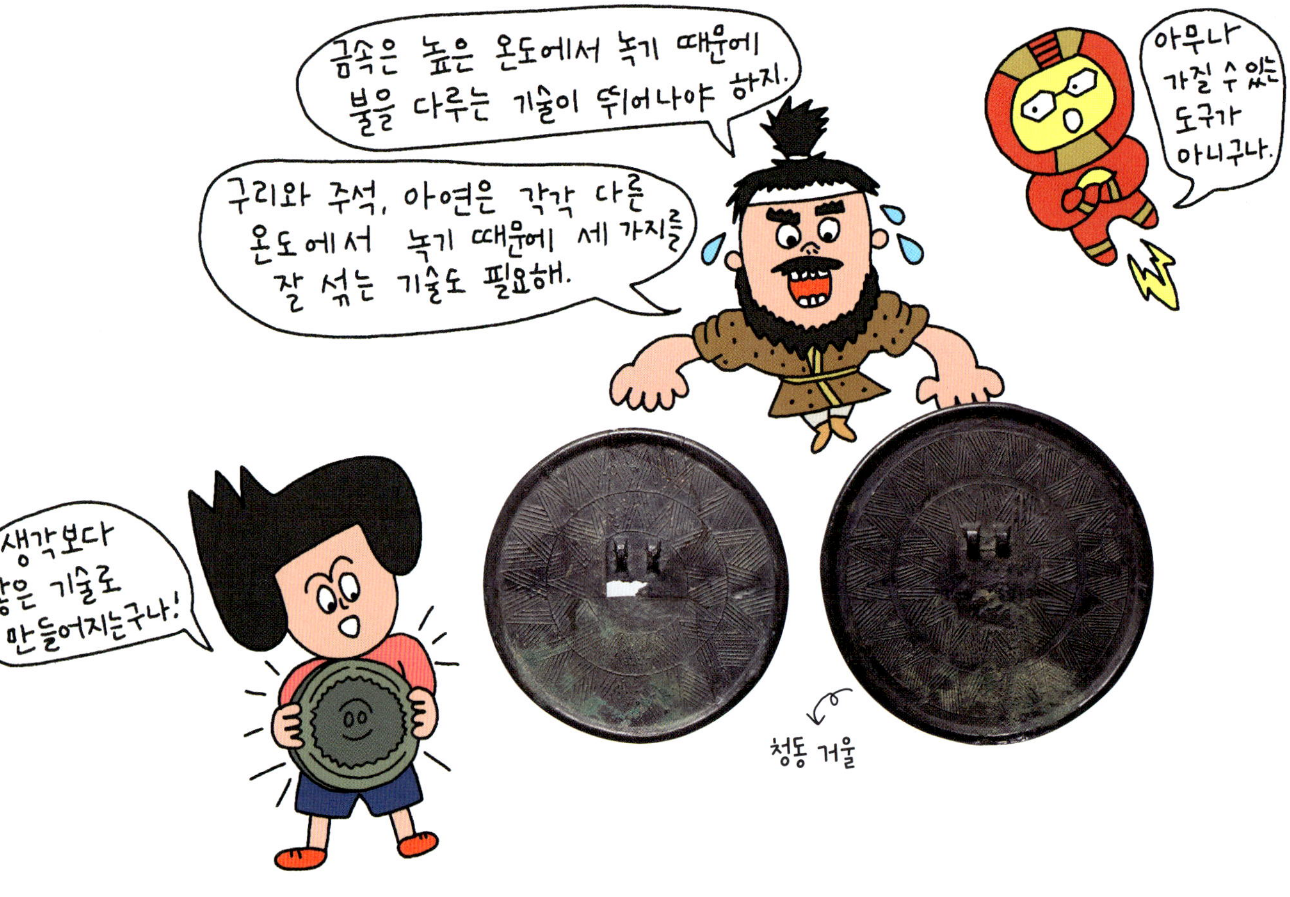

청동기는 원래 푸른빛이 아니었어요. 시간이 지나 녹슬어서
푸른빛으로 변해 청동기라고 부르게 된 거예요.
청동검과 청동 방울, 그리고 청동 거울은 주로 부족장의
제사용 도구로 쓰였어요. 부족장은 수확을 하거나 전쟁을 앞두고,
제사를 지낼 때 청동기로 몸을 꾸미고 사람들 앞에 섰어요.
그러면 햇빛에 반사되어 부족장의 몸에서 빛이 뿜어져 나오는
것처럼 보였고, 사람들은 부족장을 특별한 능력을 가진 존재라고 믿었어요.

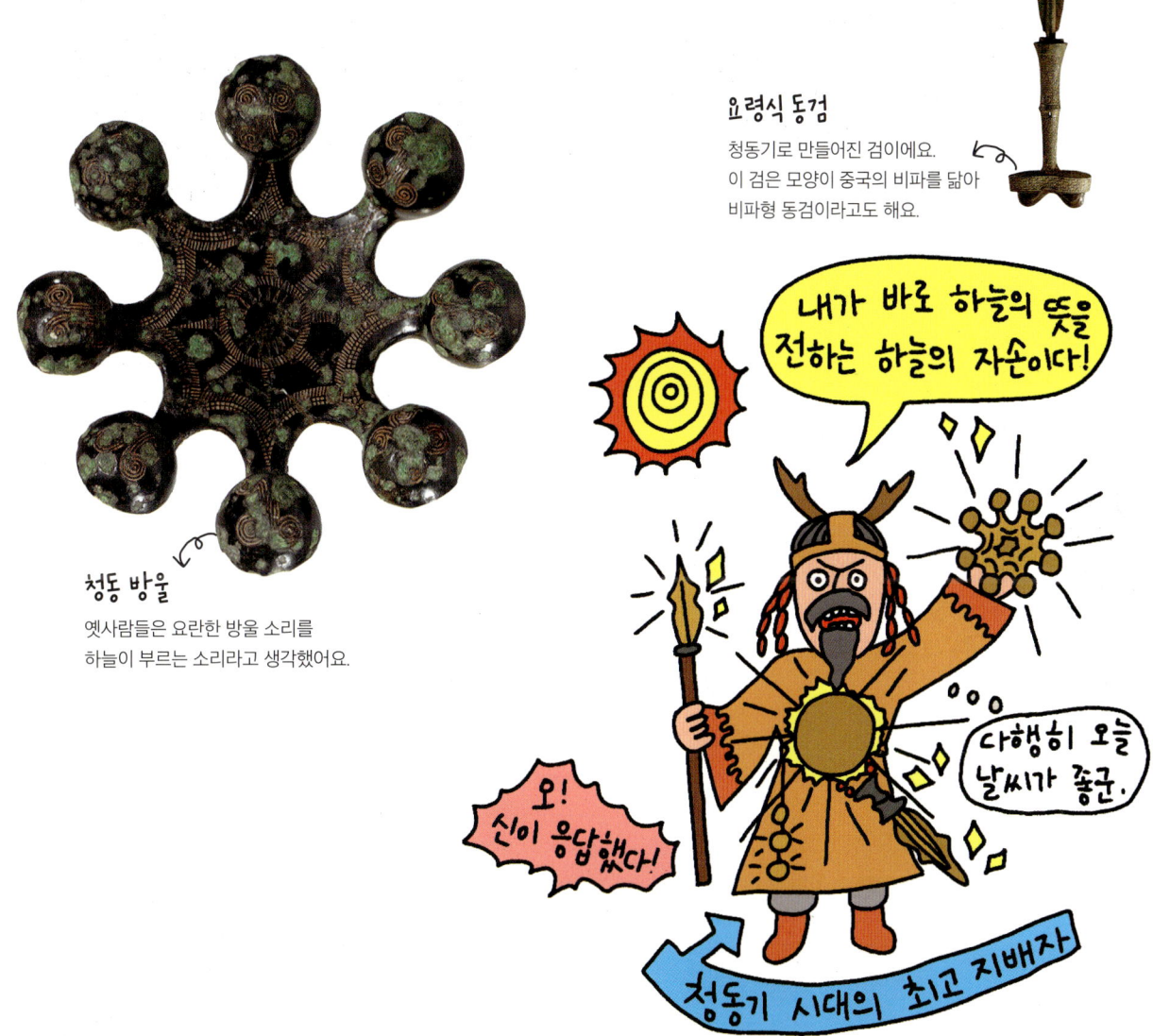

요령식 동검
청동기로 만들어진 검이에요.
이 검은 모양이 중국의 비파를 닮아
비파형 동검이라고도 해요.

청동 방울
옛사람들은 요란한 방울 소리를
하늘이 부르는 소리라고 생각했어요.

내가 바로 하늘의 뜻을 전하는 하늘의 자손이다!

오! 신이 응답했다!

다행히 오늘 날씨가 좋군.

청동기 시대의 최고 지배자

우리 역사 속 첫 나라, 고조선이 세워지다

청동기 시대에는 수많은 부족들이 서로
전쟁을 벌였어요. 힘이 센 부족은
주변 세력을 아우르며 나라로 성장하였어요.
이때 우리나라의 첫 번째 나라가 세워졌어요.
바로 우리 역사 속 첫 나라인 고조선이에요.

단군왕검이 세운 나라 이름은 원래 '조선'이에요.
그런데 왜 '고조선'이라고 부르는 걸까요?

'고조선'이라는 나라 이름은 고려 시대에 일연이라는 스님이 쓴 책 『삼국유사』에서 처음으로 등장해요. '옛 조선'이라는 뜻이지요. 일연은 단군왕검이 세운 '조선'을 후에 등장하는 위만이 다스린 '조선'과 구분하기 위해 '고조선'이라고 했어요. 하지만 최근에는 단군왕검의 '조선'과 위만 '조선'을 모두 '고조선'이라고 하며, 1392년 이성계가 세운 '조선'과 구분해 부르기도 한답니다.

고조선이 세워진 이야기, 단군 신화

고조선에는 나라가 세워지게 된 이야기가 전해지고 있어요.
바로 '단군 신화'예요.
우리는 단군 신화를 통해 청동기 시대 때 하늘의 자손임을 내세운
강한 세력이 다른 여러 무리를 통합하여 세운 나라가
'고조선'이라는 것을 알 수 있어요.

아래 만화를 읽은 뒤에 책을 덮고 '단군 신화' 이야기를 해 보세요.

단군 신화 속 숨은 이야기

환웅이 하늘에서 내려왔다는 것은 그가 하늘의 자손이라는 점을 강조하기 위한 이야기예요.

바람, 비 등 날씨를 다스리는 신하를 이끌고 왔다는 점에서 농업을 중시하는 사회라고 짐작할 수 있어요.

곰을 믿는 부족과 호랑이를 믿는 부족이 발달된 기술과 문화를 가진 환웅 부족과 결합하고 싶었다는 뜻이에요.

단군왕검은 제사장이자, 지배자

환웅의 부족은 곰을 믿는 부족과 결합을 했어요.
두 부족이 결합하면서 새롭게 나타난 지배자가 단군왕검이에요.
단군왕검은 고조선이라는 나라를 세워 1,500년 동안 다스렸어요.
그런데 한 사람이 그렇게 오랫동안 나라를 다스릴 수 있을까요?
이것은 한 명이 아니라 여러 명의 단군왕검이 나라를
다스렸다는 것을 뜻해요. 그럼, 단군왕검은 무슨 뜻일까요?
단군왕검은 지위를 나타내는 말이에요.
'단군'은 하늘에 제사를 지내는 제사장이고,
'왕검'은 나라를 다스리는 지배자를 뜻해요.

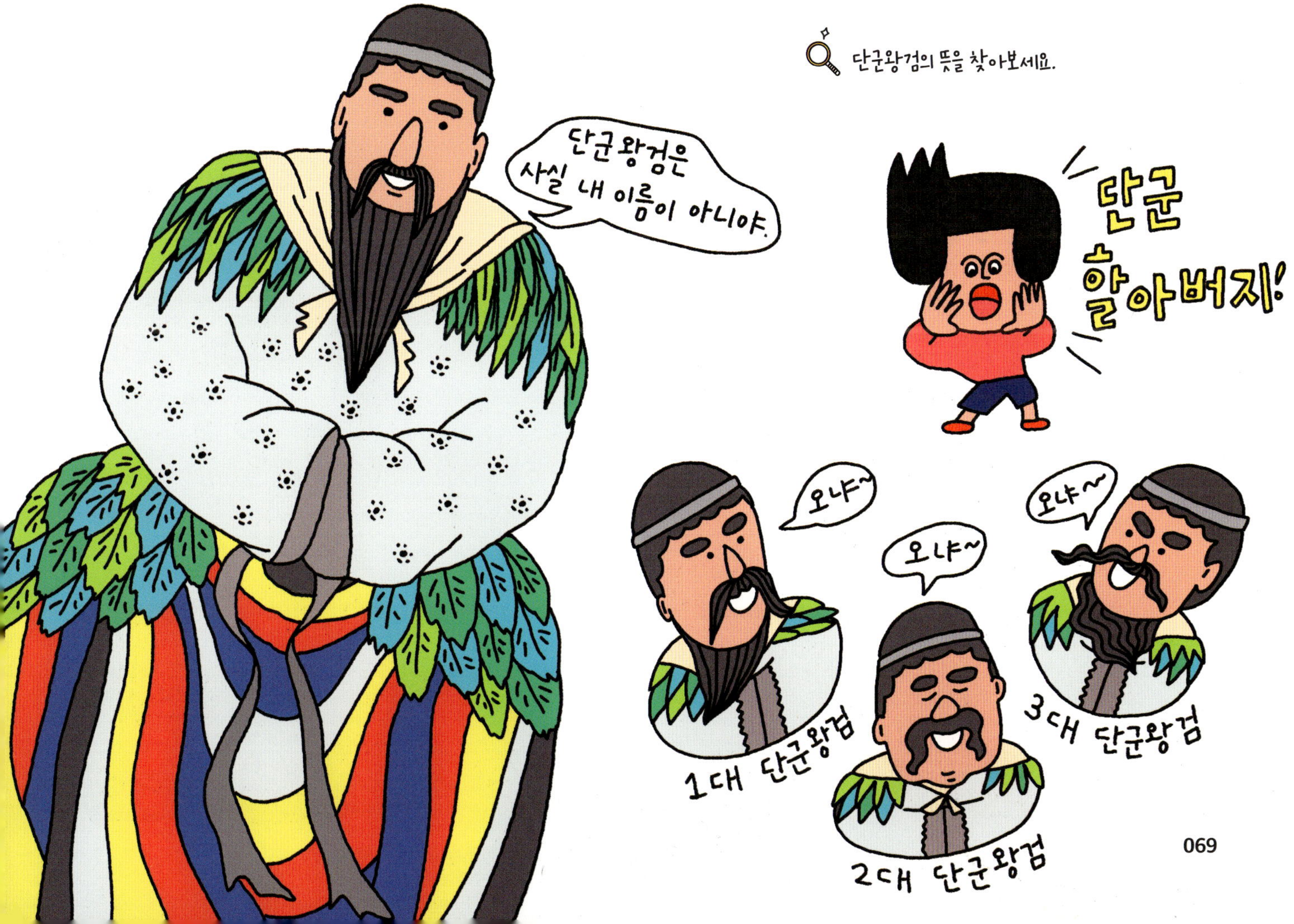

법으로 나라를 다스렸어요

단군왕검이 세운 고조선은 나라가 점점 커지면서
인구가 많아지고 사회가 복잡해졌어요.
고조선은 귀족과 평민, 노비로 신분이 나뉘었어요. 귀족은 왕을 받들고
백성에게 세금을 거두며 사회 질서를 지켜 나갔어요.
평민은 자유로운 신분이었지만, 주로 농사를 지으며
지배자의 다스림을 받았어요.
노비는 주인에게 매인 신분으로 자유롭지 못한 삶을 살아야 했어요.
사회 질서를 유지하기 위해 고조선은 법으로 나라를 다스렸어요.
고조선에는 8개의 법이 있었는데, 이것을 8조법이라고 해요.
그중 3가지만 지금까지 전해지고 있어요.

고조선의 8조법 중에서 3가지를 큰 소리로 말해 보세요.

'사람을 죽인 자는 사형에 처한다'는 법이 있었어요. 이를 통해 큰 죄는 법으로 엄격하게 다스렸음을 알 수 있어요. 또한 '남에게 상처를 입힌 자는 그 죄를 용서받으려면 곡식으로 갚는다'는 법이 있는데, 이로써 당시에 개인 재산이 있었다는 것을 알 수 있어요.

또 '도둑질한 자는 노비가 되어야 한다'는 내용에서 신분 제도를 확인할 수 있고, 그 죄를 용서받으려면 50만 전의 돈을 내야 한다는 점에서 화폐를 사용했다는 것을 알 수 있어요.

내가 죽더라도 흔적을 남겨라, 고인돌

전쟁을 통해 부족이 강해지자, 부족장들은 자신의 힘과 지위를 뽐내고 싶었어요. 그들은 자신이 죽더라도 후손들이 영원히 기억할 수 있도록 고인돌을 만들었어요. 고인돌을 만들 때 필요한 큰 돌을 옮기려면 수백 명의 사람들이 동원되었어요. 이것은 많은 사람들에게 일을 시킬 수 있을 정도로 부족장의 힘이 강했다는 뜻이에요. 고인돌은 족장의 무덤이거나, 제사를 지내던 제단 또는 전쟁의 승리를 기념하기 위한 건축물 또는 마을 사람들의 공동 무덤이에요. 특히 고조선에서는 비파형 동검, 탁자식 고인돌 등 독특한 문화가 발전했어요. 이 유물들이 분포된 지역이 고조선의 문화 범위라고 짐작할 수 있어요.

고인돌은 어떻게 만들었을까?

받침돌 세우기 → 고인돌 사이에 흙 채우기 → 덮개돌 올리기 → 흙 제거하기

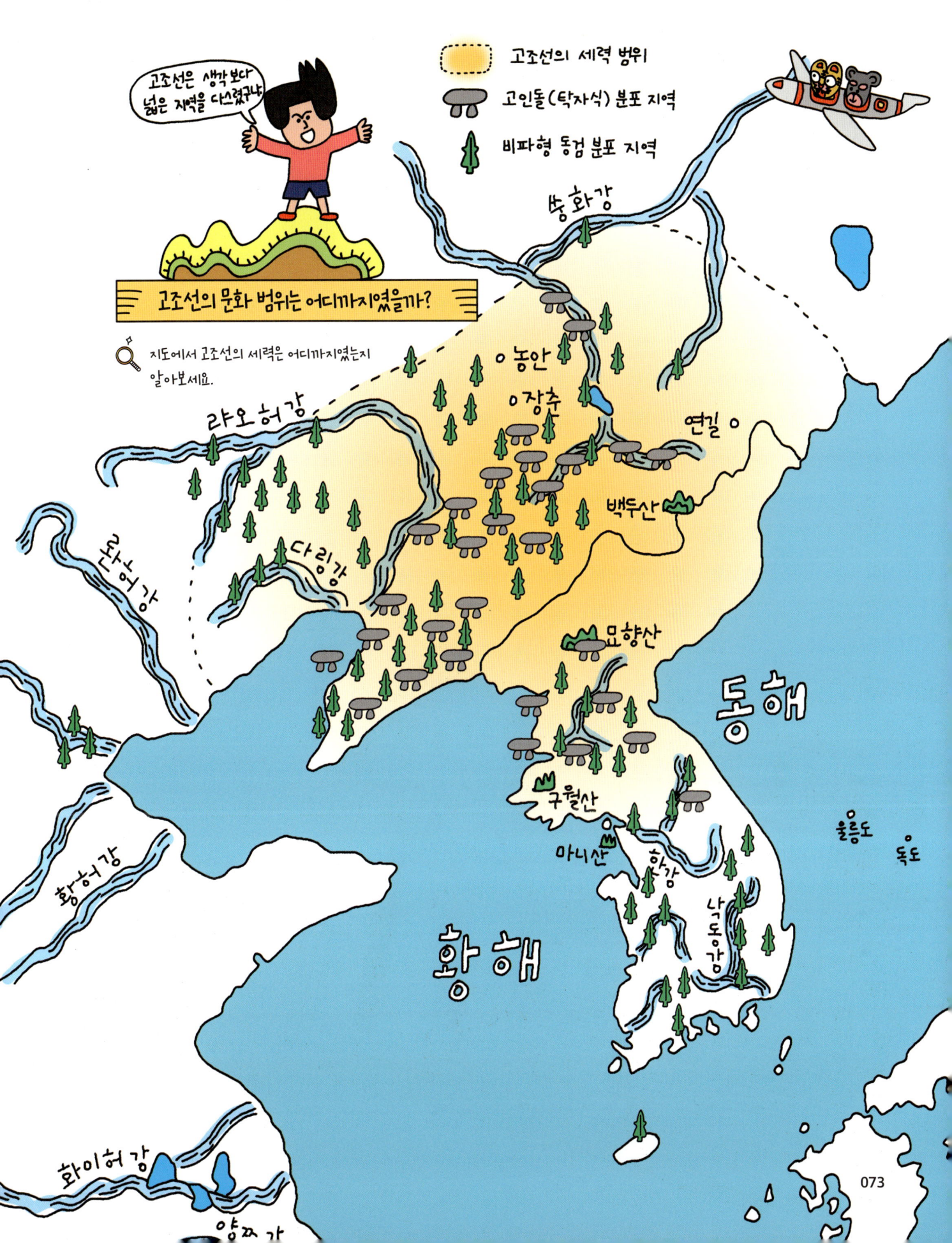

고조선에 중국의 위만이 들어오다

단군왕검이 다스리는 고조선은 날로 세력을 키우며 성장하였어요.
그런데 그 당시 중국은 여러 나라로 나뉘어 서로 싸우고 있었어요.
전쟁이 계속되자, 중국 연나라에서 위만이라는 사람이 전쟁을 피해
자신을 따르는 무리를 이끌고 고조선으로 건너왔어요.
위만은 고조선의 준왕에게 신하가 되게 해 달라고 청하였어요.
준왕은 아는 게 많고, 사람들을 잘 이끄는 위만에게 벼슬을 주고,
국경 근처를 지키라고 하였어요.

? 중국 연나라에 살던 위만이 고조선에
건너온 이유는 무엇일까요?

철기 문화를 받아들이다

고조선에서 세력을 키운 위만이 준왕을 내쫓고 왕위에 올랐어요.
위만은 중국의 철기 문화를 받아들여 세력을 키워 나갔어요.
청동으로 된 무기와 돌로 된 농기구를 모두 철로 바꾸기 시작했어요.
돌로 만든 낫보다 철로 만든 낫이 훨씬 더 예리하고 날카로워
곡식을 쉽게 벨 수 있었어요.

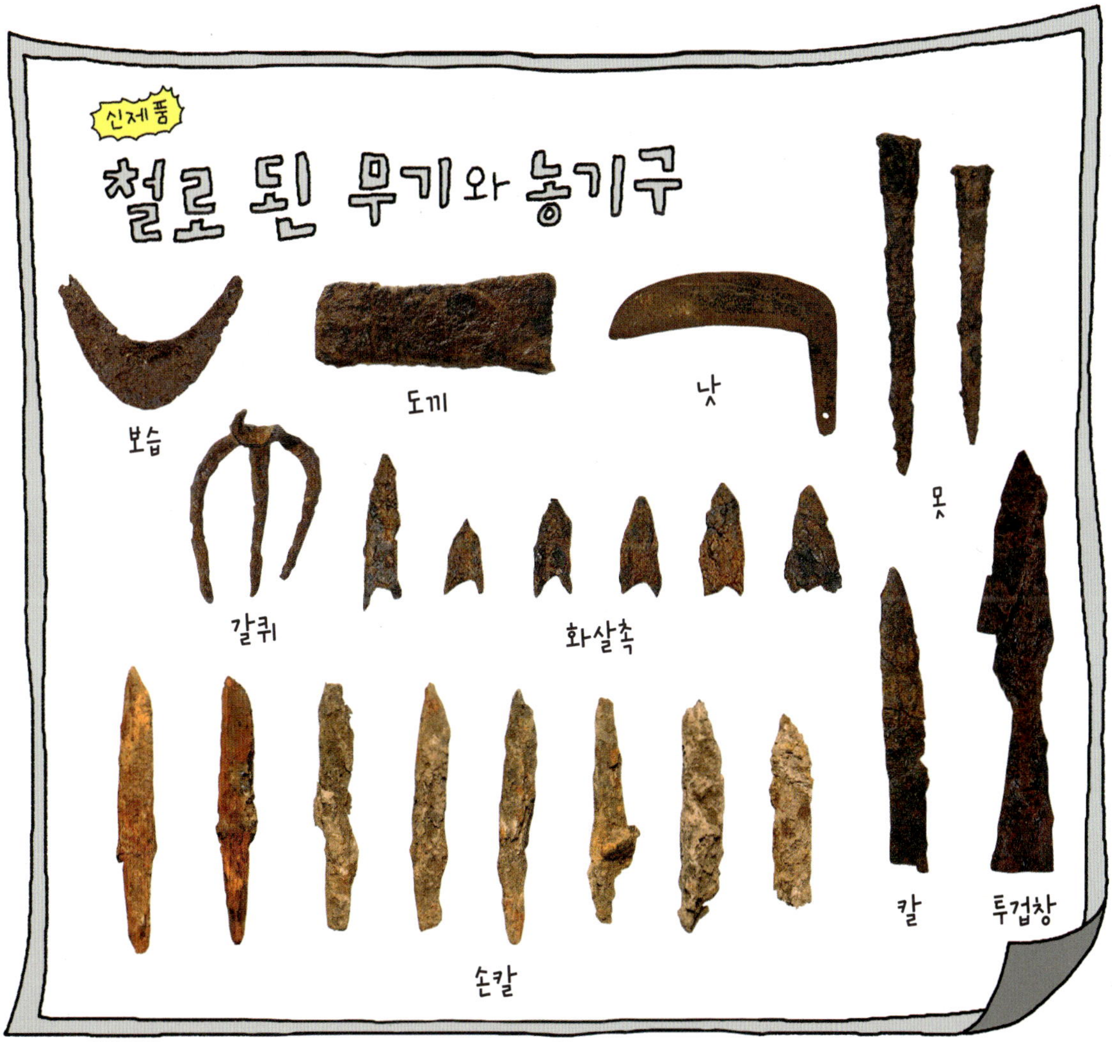

신제품
철로 된 무기와 농기구

보습 / 도끼 / 낫 / 못 / 갈퀴 / 화살촉 / 손칼 / 칼 / 투겁창

고조선이 중국 한나라에 멸망하다

위만의 손자인 우거왕 때 고조선은 더욱 강해졌어요.
그런 고조선이 못마땅한 중국 한나라가 시비를 걸었고,
급기야 고조선의 장군을 죽이는 일이 일어났어요.
두 나라는 사이가 나빠져 결국 전쟁을 했어요.
고조선은 일 년 동안 한나라에 맞서 싸웠어요. 하지만 전쟁이 길어지자,
고조선의 지배층이 여러 의견으로 갈라져 싸우기 시작했어요.
결국 우거왕은 한나라의 꼬임에 넘어간 신하들에게 목숨을 잃었고,
고조선은 멸망하고 말았어요. 기원전 108년의 일이랍니다.

 여기저기로 흩어진 고조선 사람들

고조선이 멸망한 뒤, 고조선 사람들은 어떻게 되었을까요?

나라를 잃은 고조선 사람들은 한나라의 지배를 받아야 했어요.

또 한나라의 지배를 피해 한반도 여기저기로 흩어졌어요.

한나라는 고조선을 넷으로 나눠 다스렸어요.

고조선 사람들은 나라가 멸망한 뒤 어떻게 되었는지 말해 보세요.

강력한 철기로 세워진 나라들

철기 문화가 한반도 곳곳으로 퍼지자, 나라의 모습이 확 달라졌어요.
강철 무기를 가진 지배자들은 힘을 키워 갔고,
서로의 힘을 빼앗기 위한 전쟁은 더 거세졌어요.
힘센 지배자가 힘이 약한 지배자들과 함께 강력한 나라를 세웠어요.
북쪽에는 부여와 고구려, 동쪽에는 옥저와 동예가 세워졌어요.
남쪽에는 마한, 진한, 변한이 세워졌어요. 이 세 나라를 '삼한'이라고 불러요.
힘이 점점 커진 고구려는 옥저와 동예를 정복했고,
삼한은 백제, 신라로 발전했어요.

지도를 보면서 각 나라의 이름과 특징을 찾아보세요.

부여: 고조선의 북쪽에 있었던 나라.
12월에 하늘에 제사를 드리는 '영고'라는 풍습이 있었어요. 윷놀이는 부여에서 시작되었어요. 도, 개, 걸, 윷, 모는 부여의 벼슬 이름에서 나온 거예요.

고구려: 부여의 왕자, 주몽이 졸본 근처에 세운 나라. 10월에 온 백성이 모여 하늘에 제사를 지내는 '동맹'이라는 풍습이 있었어요. 삼한과 함께 고대 국가로 발전했어요.

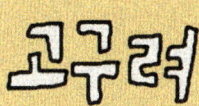

옥저: 동쪽에 세워진 작은 나라.
여자가 열 살이 되면 결혼 약속을 하고, 남자 집에서 여자를 데려가는 결혼 풍습이 있었어요. 이것을 '민며느리제'라고 해요.

동예: 산이 많고 험한 곳에 세워진 작은 나라.
음력 10월에 하늘에 제사를 지내고 높은 산에 올라가서 즐겁게 노는 '무천'이라는 행사가 있었어요.

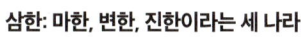

삼한: 마한, 변한, 진한이라는 세 나라.
농사가 시작하는 5월에 '수릿날'과 농사가 끝나는 10월에 '계절제'를 열어 하늘에 제사를 지내고 노래와 춤을 추는 풍습이 있었어요. 고구려와 함께 고대 국가로 발전했어요.

단원 정리

알다 — 역사 용어

✓ 청동기 시대
청동기를 사용하던 시대.
청동기는 '구리'를 불에 녹인 후 '주석'과 '아연'을 섞어서 만드는 금속 도구.

✓ 신분(계급)
청동기 시대에 자기 재산이 늘어나자, 가난한 사람은 부자의 지배를 받게 되어 신분이 생김.

✓ 8조법
고조선이 나라를 다스리기 위해 만든 법 8가지. 현재 3가지가 전해짐.

① 사람을 죽인 사람은 사형에 처한다.
② 남에게 상처를 입힌 자는 그 죄를 용서받으려면 곡식으로 갚아야 한다.
③ 도둑질을 한 자는 도둑맞은 집의 노비가 되어야 한다.

✓ 철기 시대
철을 주로 사용하여 도구나 무기와 같은 철기를 만들던 시대.
중국의 위만이 고조선 때 철기 문화를 들여왔음. 돌로 된 도구를 쓰다가 농기구, 무기들이 철기로 바뀌었음.

만나다 — 역사 인물

청동기 족장
청동기를 사용하는 부족의 대표. 부족을 다스리고 보호함. 전쟁을 통해 세력을 키우며, 하늘에 제사를 지냄.

단군왕검
우리나라 최초의 국가인 고조선의 제사장이자 지배자.

위만
중국 연나라 사람으로 고조선에 들어와 준왕을 내쫓고 왕이 됨. 우리나라에 철기를 들여옴.

우거왕
위만의 손자. 고조선의 마지막 왕.
중국 한나라가 쳐들어와 고조선이 멸망함.

가다 — 역사 장소

• **유적지**

부여 송국리 유적지
부여 송국리에 있는 청동기 시대 집터 유적.

진주 대평리 유적지
진주에서 댐 건설 중 발견된 신석기~청동기 시대 생활 유적지.

• **박물관**

고창고인돌박물관
국립중앙박물관 선사관

보다 역사 유물

청동 거울

청동 방울

고인돌

민무늬 토기 항아리
청동기 시대에 제작된
무늬가 없는 토기.
신석기 시대의 빗살무늬 토기는
대부분 바닥이 뾰족했는데,
민무늬 토기는 모두 바닥이 평평함.

확인하기

01 보기에서 빈칸에 들어갈 알맞은 낱말을 찾아 완성하세요.

> 보기 : 석기, 청동기, 철기, 제사장, 왕, 고조선, 벼농사

청동기 시대에는 농사가 발달하면서 (①   )를 지을 수 있게 되었어요. 농사를 지을 때에는
여전히 단단한 (②   )를 주로 사용하였어요. 사람들을 다스리는 (③   )은
번쩍이는 청동기를 도구로 만들어 사용하며 힘을 뽐냈어요. 그들은 많은 사람들을 이끌고
우리나라 최초의 국가인 (④   )을 세웠어요.

02 다음 중 청동기 시대에 만들어진 것이 아닌 것은 무엇일까요?

① 고인돌　　② 민무늬 토기 항아리　　③ 돌보습　　④ 반달돌칼

풀이 01 ① 벼농사 ② 석기 ③ 제사장 ④ 고조선 02 ③

4장
고구려, 백제, 신라 삼국이 세워지다

철로 강력한 무기를 만들자 세상은 빠르게 바뀌었어요.
갈수록 전쟁이 잦아지고 더욱 거세졌어요.
전쟁이 거듭되자 곳곳에서 영웅들이 나타났어요.
그들은 주변 세력들을 무너뜨리고 나라를 세웠어요.
고구려와 백제, 신라, 그리고 가야예요.
이 나라들은 누가 세웠고, 어떻게 발전했는지 알아볼까요?

기원전 57년
박혁거세, 신라를 세움.

기원전 37년
주몽, 고구려를 세움.

기원전 18년
온조, 백제를 세움.

384년
백제 근초고왕, 마한을 정복함.

372년
고구려 소수림왕, 불교를 받아들이고 태학을 세움.

369년
백제 침류왕, 불교를 받아들임.

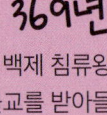

404년
고구려 광개토 대왕, 요동 일대를 차지함.

475년
고구려 장수왕, 한강 유역을 차지함.

503년
신라 지증왕, 신라로 이름을 정함.

 알에서 태어난 사람들이 나라를 세우다

고구려는 알에서 태어난 주몽, 백제는 주몽의 아들인 온조, 신라는 알에서 태어난 혁거세가 세웠어요. 그런데 정말 사람이 알에서 태어날 수 있을까요?

나라를 세운 영웅들은 보통 사람들과 달라야 했어요. 그들은 전쟁을 승리로 이끌거나 뛰어난 활 솜씨를 가졌어요. 백성들이 영웅들을 신비롭고 특별한 존재로 여겨, 존경하고 따르게 하려고 알에서 태어났다는 이야기를 지은 거예요.

나라를 세운 영웅들이 알에서 태어났다고 이야기하는 이유를 찾아 밑줄을 그어 보세요.

그런데 왜 '알'일까요? 옛날 사람들은 하늘을 날기도 하고,
땅에 내려앉을 수도 있는 새가 신의 뜻을 전해 준다고 생각했어요.
그 새가 신이 준 알을 인간 세상에 가져왔고 알에서 사람이 태어났으니,
그 사람은 틀림없는 신의 자손이라는 의미지요.
건국 신화에는 나라를 처음 세운 왕이 얼마나 신비롭게
태어났는지에 대한 이야기가 담겨 있답니다.

활을 잘 쏘는 주몽이 세운 고구려

부여에서 태어난 주몽은 어려서부터 활을 쏘기만 하면
백발백중이었어요. 그래서 부여 사람들은 활을 잘 쏘는
아이라는 뜻으로 주몽이라고 불렀어요.
부여 왕자들은 재주 많고 능력이 뛰어난 주몽을 시기했어요.
결국 주몽은 부여를 떠나 압록강 주변에 나라를 세웠어요.

산이 많은 고구려는 농사지을 만한 평야가 부족했어요.
그래서 주변 나라들을 정복하며 영토를 넓혔어요.
정복 전쟁으로 나라의 힘을 키운 고구려 사람들은
점점 주몽처럼 용감하고 씩씩해졌어요.

고구려 건국

천제에게 아들 해모수가 있었어요.

해모수는 아버지의 명령으로 북부여라는 나라를 세웁니다.

어느 날 사냥을 하던 해모수는 연못에서 놀고 있던 물의 신 하백의 딸, 유화를 사랑하게 되었어요.

해모수는 유화와 행복한 시간을 보냈어요.

그런데 하늘의 아들인 해모수는 마냥 그곳에 머무를 수 없었어요.

해모수는 유화를 남겨 놓고 혼자 돌아가고 맙니다.

화가 난 아버지 하백은 결혼한 딸 유화를 연못 밖으로 추방합니다.

유화는 해모수를 다시 만나지 못하고, 동부여 금와왕의 보살핌 아래에서 살게 되었어요.

어느 날 유화는 빛을 통해 임신을 하고 큰 알을 하나 낳게 되었어요.

그 알에서 태어난 아이가 바로 주몽입니다.

주몽은 태어난 지 한 달 만에 활로 파리를 잡을 정도로 활 솜씨가 뛰어났어요.

금와왕의 일곱 왕자들은 능력이 뛰어난 주몽을 싫어했어요.

목장에서 말을 기르는 일을 하며 고달픈 생활을 하던 주몽은 어느 날, 세 친구들과 함께 동부여를 탈출합니다.

강물이 가로막아 더 이상 나아갈 수 없게 되었을 때, 주몽이 하늘에 기도를 했어요.

그러자 순식간에 물고기와 자라가 나타나 다리를 만들어 주었고, 주몽은 강을 무사히 건넜어요.

마침내 주몽은 졸본에 이르러, 고구려를 세우게 되었습니다.

주몽의 아들 온조가 세운 백제

주몽에게는 유리, 비류, 온조, 이렇게 세 아들이 있었어요.
이 중 유리가 고구려의 왕이 되자, 온조와 비류는 고구려를 떠나야겠다고
결심하였어요. 아버지 주몽이 부여를 떠나 고구려를 세웠던 것처럼
말이에요. 온조는 무리를 이끌고 남쪽으로 내려가며 나라를
세울 만한 땅을 찾았어요. 온조가 도착한 곳은 한강이
흐르는 지금의 서울이에요. 나라 이름을 '백제'라고 정했어요.

한강이 흐르는 지역을 도읍지로 정하고, 한성이라고 불렀어요.
한성은 나라를 세우기에 딱 안성맞춤인 곳이었어요.
적의 침입을 막을 수 있는 높은 산, 사람들이
생활하기에 편리한 넓은 평야가 있었지요.
무엇보다 큰 강이 있어서 교통이
편리하다는 게 가장 좋았어요.
백제는 이런 지형을 이용하여
나라의 힘을 키워 나갔어요.

✏️ 온조가 세운 나라인 '백제'의 장점을 찾아 밑줄 그어 보세요.

알에서 태어난 혁거세가 세운 신라

신라가 세워지기 전, 지금의 경주에는 여섯 마을로 이루어진
작은 나라가 있었어요. 각각의 마을은 촌장들이 다스리고 있었어요.
그중 한 마을의 우물가에서 흰말과 커다란 알이 발견되었는데,
그 알에서 아기가 태어났어요. 촌장들은 그 아기를
박혁거세라고 이름을 짓고, 왕으로 받들었어요.

박혁거세는 여섯 마을을 합쳐 사로국이라는 나라를 세웠어요.
신라는 사로국에서 시작된 나라예요.
석탈해와 김알지도 발달된 철기와 황금 문화를 가진
사로국으로 가서 왕의 자리를 놓고 서로 다투었어요.
신라는 높은 산으로 둘러싸여 다른 나라와 교류하기 힘들었고,
이웃 나라들의 침입까지 잦았어요. 그래서 고구려나 백제에 비해서는
더디게 성장하였어요. 하지만 김알지의 후손들이
왕위를 차지한 후로 점차 왕의 힘이 강해졌고,
그 덕분에 성장할 수 있었어요.

신라를 세운 사람의 이름을 찾아 말해 보세요.

신라 건국

옛날 옛날, 경주에 사는 여섯 마을의 촌장들은 중요한 일이 있을 때마다 서로 의논하며 사이좋게 지냈어요.

좋소! / 촌장1 / 촌장2 / 촌장3 / 촌장4 / 촌장5 / 그럼 이번 나들이는 만장일치로 나정 근처로 가겠습니다. / 촌장6

어느 날, 여섯 촌장들이 회의를 하고 있는데, 남쪽 하늘에서 내려온 빛이 한곳을 비추는 것이었어요.
촌장들 모두 그 빛이 비추는 곳에 가 보니 '나정'이라는 우물 근처에 흰말이 꿇어 앉아 절을 하고 있었어요.

알이다!! / 엄청 큰 알이에요!

이건 보통 일이 아니야! / !? 날아간다! / 좋은 징조일 것 같아요. / 하얀 알이야!

촌장들의 웅성거리는 소리에 흰말은 긴 울음을 남기고 하늘로 날아갔어요.
말이 떠나고 난 자리에는 빛나고 있는 커다란 자주색 알이 있었어요.

한 촌장이 알을 슬쩍 만지자 알이 쩍 갈라지더니 안에서 사내아이가 나오는 게 아니겠어요?

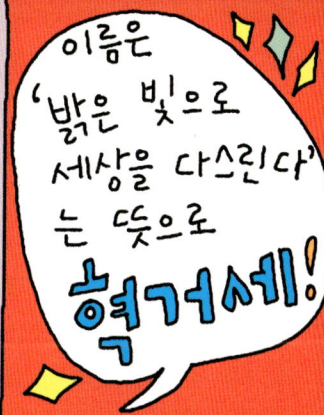

박혁거세는 매우 뛰어난 아이로 자랐어요.

촌장들은 모두 혁거세를 왕으로 받들기로 했어요.

박혁거세는 여섯 마을을 합쳐 나라를 세우고 이름을 '서라벌'이라 지었지요.

서라벌은 점점 더 큰 나라로 발전하였고, 훗날 '신라'라고 부르게 되었답니다.

작전명, 한강을 차지하라!

백제, 고구려, 신라 세 나라는 한강을 서로 뺏고 뺏기며 성장했어요.
그런데 왜 이렇게 한강을 서로 차지하려고 하였을까요?
한강은 우리나라에서 가장 큰 강이에요. 북한강과 남한강,
두 물줄기가 만나 큰 강이 되어 서울을 동서로 가로지르지요.
굽이굽이 흐르는 한강 유역에는 풍부한 물과 기름진 평야가 펼쳐져 있어,
예나 지금이나 사람이 살기에 아주 좋은 땅이었기 때문이에요.

한강을 차지하려고 한 이유를 찾아 큰 소리로 읽어 보세요.

맨 먼저 한강을 차지한 백제

한강 유역에 자리 잡은 백제는 삼국 중
가장 먼저 발달했어요.
우리나라는 동쪽과 북쪽에 높은 산이 있고,
남쪽과 서쪽에는 넓은 평야가 자리 잡고 있어요.
지도에서 백제의 위치를 찾아볼까요?
백제는 평야가 넓게 펼쳐진 서쪽에 있어요.
한강뿐 아니라 서해로 흘러 가는 강들을 끼고 있고요.
백제에는 기름진 땅이 많았어요. 고구려보다 따뜻했기 때문에
여러모로 농사에 유리한 조건이었지요.

? 백제가 삼국 중에서 가장 먼저 발달한
이유는 무엇일까요?

넓고 기름진 평야에서 농사를 짓자, 농사 기술도 나날이 발달하였어요.
다양하고 풍부한 곡식과 서해안에서 거두어들인 해산물로
백제 사람들의 밥상은 늘 풍성하였어요.
삼국 중에 백제가 나라 살림이 가장 넉넉했지요.
백제 사람들은 먹고사는 문제가 해결되자,
학문과 문화에 관심을 갖기 시작하였어요.
백제는 중국으로부터 발달된 문화를 배우기 위해 서해 바다를 건너갔어요.

백제가 전성기를 맞이했어요

풍부한 농산물과 우수한 철기 문화를 가지고 백제의 전성기를 이끈 왕은
근초고왕이에요. 근초고왕은 군대를 강하게 키워 북쪽으로는
고구려가 남쪽으로 내려오지 못하게 막았어요.
남쪽으로는 마한을 정복해 땅을 넓혔지요.
그래서 백제에서 가장 넓은 땅을 차지한 왕이 되었어요.

이웃 나라와도 활발하게 교류했어요. 그러면서 중국과 교역하려는
일본에게는 백제를 통해야만 물건을 사고팔 수 있게 하였어요.
백제는 이 중개 무역을 통해 많은 이익을 남겨 더 부유한 나라가 되었어요.

백제는 요서, 산둥 지방까지 진출하여 중국의 발달된 문화를 받아들이고,
일본에 백제의 앞선 학문과 기술을 전해 주었어요.

백제의 전성기를 이끈 왕의 이름을 말해 보세요.

칠지도
일본과의 교류를 증명하는 유물.
백제의 왕이 일본에 선물했다는
문구가 적혀 있어요.

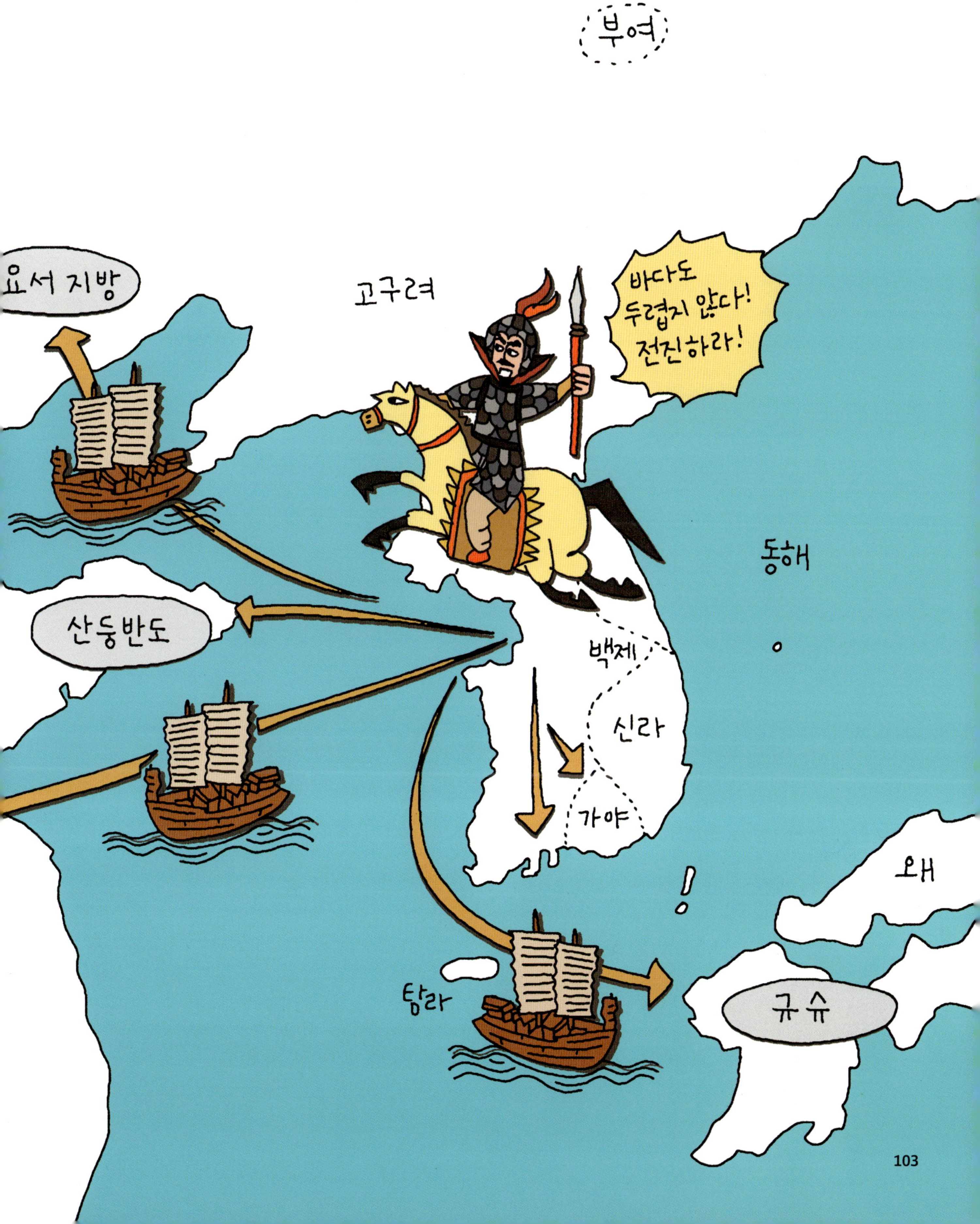
부여
요서 지방
고구려
바다도
두렵지 않다!
전진하라!
동해
산둥반도
백제
신라
가야
왜
탐라
규슈

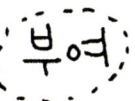

# 전쟁을 통해 성장한 강한 나라, 고구려

고구려는 한반도의 북쪽에 위치한 나라예요. 큰 산과 깊은 계곡이 많아서 농사지을 수 있는 넓은 평야가 부족했어요.
부지런히 농사를 지어도 먹고살기가 힘든 땅이었지요.
고구려는 농사 짓기 좋은 땅을 찾고, 나라의 힘을 강하게 키우기 위해 전쟁을 자주 벌였어요. 고구려가 주로 싸웠던 상대는 중국이나 북쪽에 사는 북방 민족이었어요. 고구려는 전쟁에서 밀리기도 하고 이기기도 하며 영토를 넓혀 갔어요.

전쟁을 통해 성장했기 때문에 고구려에서 가장 인기 있는 사람은 전쟁 영웅이었어요. 그래서 일 년에 한 번 열리는 사냥 대회에서 우승을 하면 사람들에게 주목을 받았어요.
땅이 넓어지면서 나라의 살림은 나아졌지만, 대부분의 백성들은 어렵고 힘들게 살았어요. 그래서 고구려에서는 가난한 농민들에게 봄에 곡식을 꾸어 주고, 가을에 추수가 끝나면 곡식을 갚는 진대법을 실시했어요.
백성들이 굶주림에서 벗어나면서 왕의 힘은 더욱 강해졌어요.

* **진대법**: 흉년에 나라의 곡식을 가난한 백성에게 빌려주던 고구려의 제도.

숱한 전쟁으로 성장한 고구려는 남쪽으로 눈을 돌렸어요.
백제가 차지하고 있는 한강 유역의 기름진 땅을 차지하고 싶었기 때문이에요.
그러나 백제는 만만한 나라가 아니었어요. 고구려는 백제에 쳐들어갔지만,
전쟁에서 그만 지고 말았어요. 도리어 백제 근초고왕이 고구려의 공격으로
고국원왕이 죽음을 맞이하자 큰 충격을 받았어요.

그 후에도 고구려는 백제에게 한강을 빼앗기 위해 노력하였지만,
쉽지 않았어요. 광개토 대왕과 장수왕이 나타나기 전까지는 말이에요.

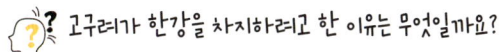 고구려가 한강을 차지하려고 한 이유는 무엇일까요?

# 고구려를 강한 나라로 만든 광개토 대왕과 장수왕

백제의 공격으로 위기에 빠져 있던 고구려에
등장한 인물이 광개토 대왕이에요. 열일곱 살에 왕이 된
광개토 대왕은 직접 전쟁터를 누볐어요. 그가 이끄는 군대는
상대할 자가 없을 정도로 강력하였어요.

광개토 대왕은 백제를 공격해 한강의 북쪽 땅을 빼앗았어요. 일본과 가야의
연합군에 침입을 받은 신라가 도움을 요청하자, 지원군을 보내 물리쳤지요.
그리고 중국이 혼란한 틈을 타 고구려의 세력을 북쪽으로 넓혔어요.
광개토 대왕은 요동과 만주를 차지하며 누구도 함부로 넘볼 수 없는
크고 강한 고구려를 만들었어요. 덕분에 백성들의 삶도 풍요로워졌지요.

아버지의 뒤를 이어 왕위에 오른 장수왕은 고구려를 더욱 강한 나라로
만들었어요. 먼저 중국이 고구려를 쳐들어올 때를 대비해
고구려의 도읍지를 평양성으로 옮겼어요. 그리고 고구려의 남쪽에 위치한
백제와 신라를 공격하였어요.

장수왕은 백제의 수도인 한성을 빼앗고, 새로운 한강의
주인이 되었어요(5세기). 강한 나라가 한강을 차지하는 법이니까요.
고구려는 한강을 차지하고 천하의 중심이 되었어요.
이후 신라의 북쪽 땅까지 빼앗아 역사상 가장 넓은 영토를
차지한 나라가 되었어요.

한강을 차지하는 데 성공한 고구려의 왕은 누구인가요?

신라를 발전시킨 지증왕과 법흥왕

신라는 백제와 고구려의 힘에 밀려 더디게 발전하였어요.
또한 백제가 전성기를 누릴 때는 고구려와 친구가 되고,
고구려가 힘이 강했을 때는 백제와 손을 잡았지요.
외국과 활발한 교류를 통해 성장한 백제와 중국과의 전쟁을 통해
성장한 고구려는 왕의 힘이 강했어요. 그러나 신라는
백제나 고구려에 비해 왕의 힘이 많이 약하고 귀족의 힘이 더 강했어요.
신라를 강한 나라로 만들기 위한 본격적인 노력은 지증왕 때 시작되었어요.
지증왕은 '사로', '서라벌', '계림'으로 부르던 나라의 이름을 '신라'로
바꾸었어요. 또한 '마립간'으로 부르던 임금의 명칭도 '왕'으로 고치고
강력한 왕이 되기 위해 노력하였어요.

✏️ 지증왕이 한 일을 찾아 밑줄 그어 보세요.

지증왕에 이어 왕위에 오른 법흥왕은 왕을 위협하는 귀족의 힘을 꺾고,
백성들이 중심으로 모일 수 있도록 불교를 받아들이려고 하였어요.
자유롭게 신을 믿던 귀족들은 법흥왕에게 크게 반발하였어요.
하지만 법흥왕은 귀족들의 반대를 물리치고 불교를 받아들였어요.
차근차근 나라의 힘을 키운 법흥왕은 532년 금관가야까지 무너뜨렸어요.
신라는 한때 자신들을 위협하던 금관가야를 무너뜨리면서 큰 자신감을
얻었어요. 백제나 고구려를 따라잡으며 이제 정복 전쟁에도 뛰어들었어요.

법흥왕이 해 낸 2가지 큰 일을 말해 보세요.

 신라의 전성기를 이끈 진흥왕

법흥왕에 이어 왕위에 오른 진흥왕은 백제와 연합하여 고구려가 차지했던
한강 유역을 빼앗았어요. 그리고 다시 한강을 놓고 백제와 전쟁을
벌였어요. 한 치의 양보도 없이 숨 막히는 싸움이 계속되다가
신라가 승리를 거두자, 두 나라는 돌이킬 수 없는 원수가 되어 버렸어요.
이제 한강은 신라의 차지가 되었어요. 마지막 주인이 된 거예요.
신라는 서해를 통해 중국과 바로 교류할 수 있게 되었어요.
이렇게 새로운 길이 열리고, 그 길을 통해 새로운 문물을 받아들이자,
신라는 새로운 강자로 떠올랐어요.
진흥왕은 대가야까지 흡수하여 가야의 땅을 모두 차지해 버렸어요.
내친김에 한반도의 북동쪽까지 올라가 영토를 넓혔어요.
그는 전쟁에서 승리했고 정복한 곳마다 순수비를 세웠어요.
'순수'란 왕이 나라 안을 두루 살피며 돌아다니는 일을 말해요.
서울 북한산에 있는 순수비는 진흥왕이 한강을 완전히 차지했다는
사실을 알리려고 세운 비석이에요.

진흥왕이 한강을 장악하고 세운 비석은 어느 것일까요?
사진에 동그라미 해 보세요.

단양 신라 적성비
진흥왕이 고구려 영토인
적성을 점령하고 세운 비석이에요.

북한산 신라 진흥왕 순수비
진흥왕이 새로 넓힌 영토를 직접
돌아보고 북한산에 세운 비석이에요.

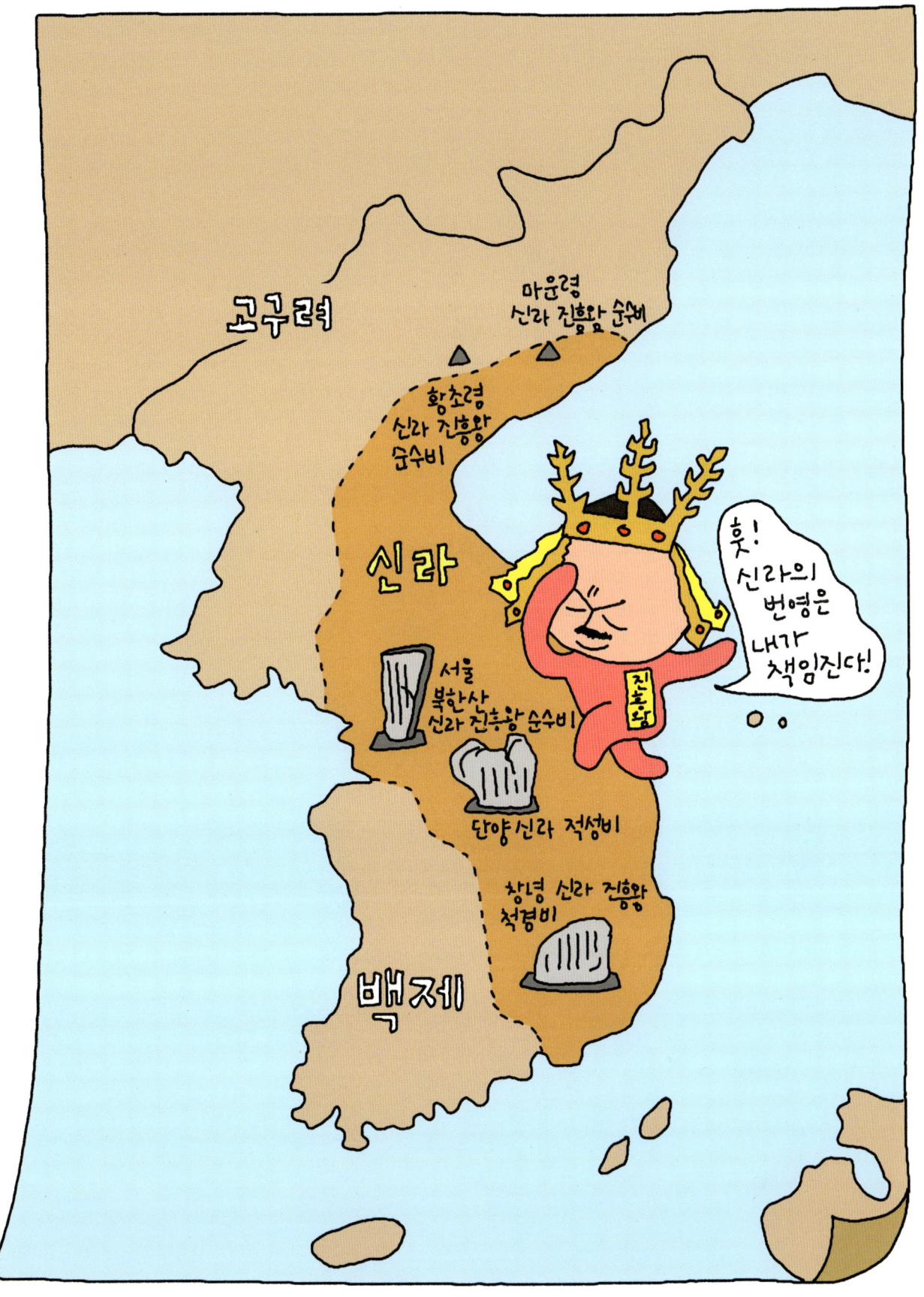

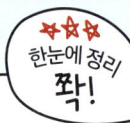 

삼국이 한강을 차지한 순서

맨 처음 한강을 차지한 나라는 백제예요. 백제는 한강의 풍부한 물자와 편리한 교통을 바탕으로 빠른 발전을 이루었어요. 교통이 발달된 곳에 사람과 물자가 모이는 게 당연했지요. 백제는 4세기 근초고왕 때 전성기를 누렸어요.

고구려는 북쪽으로 영토를 확장하였어요. 한강의 중요성은 익히 알고 있었지만 백제를 감당하기에는 힘이 부족했어요. 그러나 강력한 군사력을 앞세운 광개토 대왕과 장수왕 때인 5세기에 한강을 차지했어요.

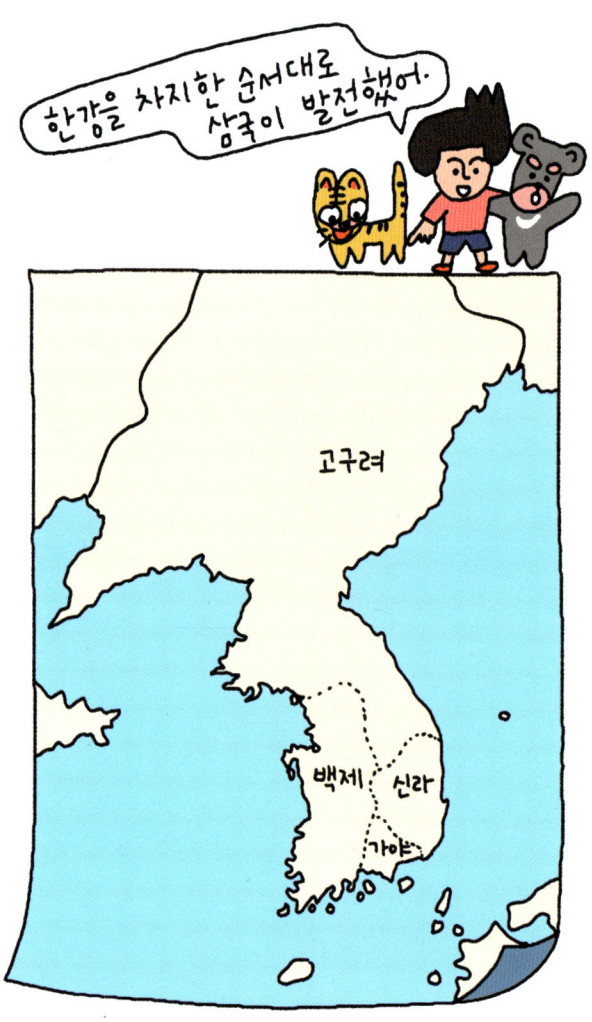

기원전 1세기 전후 삼국의 지도

4세기 백제 전성기 지도

신라는 힘이 아주 약했어요. 그래서 백제와 고구려가 서로 다투고 있을 때 쉬이 덤벼들지 못했지요. 그러나 6세기 진흥왕 때 젊은 인재인 화랑을 길러 내면서 두 나라와 겨룰 만큼 나라에 힘이 생기기 시작했어요. 신라는 크게 발전해 땅을 넓혔고, 마침내 한강 유역을 차지했어요.

삼국이 한강을 차지한 순서를 말해 보세요.

5세기 고구려 전성기 지도

6세기 신라 전성기 지도

꽃처럼 아름다운 소년들, 화랑!

진흥왕과 더불어 신라의 전성기를 이끈 사람들이 바로 화랑이에요.
한마디로 신라의 아이돌이었어요. 꽃처럼 아름다운 남자란 뜻의
화랑이 되려면 우선 외모가 단정하고 인품이 좋아야 했어요.
열다섯 살부터 열여덟 살까지 진골 귀족인 청소년으로 이루어진 화랑은
무리 지어 다니며 몸과 마음을 닦고 무예를 익혔어요.

어떤 사람이 화랑이 될 수 있었나요?
찾아서 읽어 보세요.

유교 경전 공부를 열심히 하겠다고 다짐한 내용과

화랑의 맹세를 담고 있어요.

임신서기석
임신년에 두 화랑이 새긴 비석이에요.

화랑은 전쟁이 일어나면, 나라를 위해 목숨을 바쳤어요.
백제와의 전쟁이었던 황산벌 전투에서
끝까지 싸우다 죽은 반굴과 관창처럼 충성심이 높고
용맹하였어요. 화랑은 친구 사이에 믿음과 의리를 중요하게 여겼어요.
사다함은 한날 함께 죽기로 약속한 친구 무관이 죽자, 슬픔을 이기지
못하고 뒤따라 세상을 떠났어요. 화랑은 가난한 백성을 돕는
의로운 성품을 지녔어요. 효종이 가난한 사정으로 노비가 된
효녀 지은을 도와 사람들의 모범이 된 것처럼요.

화랑은 신라의 많은 백성들에게 사랑을 받았고,
삼국을 통일한 신라의 든든한 힘이 되었답니다.

# 철의 나라, 가야

고구려와 백제, 신라가 세워질 무렵, 낙동강과 남해안이
만나는 곳에 가야가 세워졌어요.
가야는 여러 개로 이루어진 연맹 국가였어요.
가야는 낙동강 유역의 평야에 자리를 잡았어요. 농사짓기에
유리한 날씨와 땅이 있고, 품질이 좋은 철광석이 생산되었어요.
가야는 풍족하게 살 수 있는 조건을 두루 갖춘 나라였어요.
최고의 무기를 만들 수 있는 철광석과 그것을 다룰 수 있는
기술이 모두 있다는 것은 대단한 힘이었어요.
그래서 가야는 뛰어난 무기와 농기구를 만들고,
남해 바다를 통해 철을 수출하며
신라를 위협할 정도로 힘센 나라로 성장하였어요.

그러나 가야는 고대 왕국으로 성장하지 못했어요.
고구려, 백제, 신라 같은 고대 왕국이 되기 위해서는 우선 왕을
중심으로 나라의 힘을 모아야 해요. 법과 제도로 나라의 기틀을 다지고,
발달된 농사 기술로 백성들의 생활을 안정시켜야 하며, 불교를 받아들여
흩어진 백성들의 마음을 하나로 묶어야 했어요.

가야가 신라에게 멸망한 가장 큰 이유를 찾아 밑줄 그어 보세요.

하지만 가야는 왕을 중심으로 함께 힘을 모으지 못했어요.
여러 개로 이루어진 연맹 국가였기 때문이에요.
외적이 침입했을 때에도 서로 힘을 합해 싸우지 않았어요.
가야는 결국 신라에게 멸망하고 말았어요.

가야의 철기 문화와 대표 인물

가야의 철기 문화는 멸망 후 신라에 그대로 흡수되었어요.
금관가야를 멸망시킨 신라는 질 좋은 철을 얻기 시작하자, 고구려나 백제와
싸울 용기를 낼 수 있었어요. 그 후 대가야까지 멸망시키면서
신라는 뛰어난 철제 무기를 바탕으로 전쟁터를 위풍당당 누빌 수 있었어요.
뿐만 아니라 가야의 여러 인물들이 신라로 건너가 크게 활약했어요.
대표적인 사람이 김유신과 강수, 우륵이에요.

가야 철기는 신라에서도 알아주는군!

가야 갑옷

하나밖에 없잖아.

가야 투구 있어요!

made in 가야

김유신은 금관가야의 왕족 출신이에요. 멸망한 가야의 왕족이 신라 사람으로 살기란 쉬운 일이 아니었어요. 진골 귀족들로부터 따돌림과 무시를 당했지요. 하지만 훗날 삼국 통일에 크게 기여한 신라 최고의 장군이 되었어요.
강수는 가야 멸망 후 신라의 벼슬아치가 되었는데, 외교 문서를 작성하는 능력이 뛰어나 공을 많이 세웠어요.
우륵은 가야의 악기인 가야금으로 신라의 왕실 음악을 만들었어요. 가야금은 신라에 전해진 덕분에 오늘날까지 연주되는 전통 악기로 남게 되었지요.

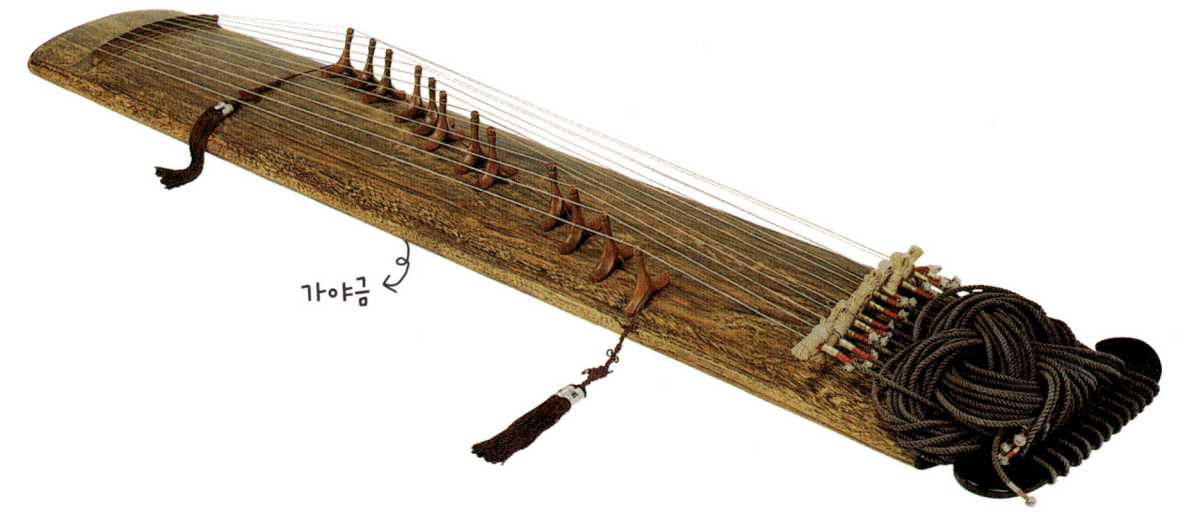

단원 정리

알다 — 역사 용어

☑ 삼국
고조선 이후, 철기 문화를 바탕으로 세워진 우리나라 고대 국가. 고구려, 백제, 신라.

☑ 건국 신화
나라를 세운 영웅들의 이야기. 영웅을 신비롭고 특별한 존재로 만들어 존경하고 따르게 하기 위해 만든 이야기.

☑ 전성기
가장 발전한 때.

☑ 진대법
흉년에 나라의 곡식을 가난한 백성에게 빌려주던 고구려의 제도.

☑ 해상 왕국
바닷길을 통해 중국, 일본과 활발히 교류하여 부유해진 백제를 일컫는 말.

☑ 화랑 제도
신라의 청소년들을 교육하고 훈련시키는 특별한 제도.

만나다 — 역사 인물

삼국을 세운 사람들
고구려: 주몽
백　제: 온조
신　라: 박혁거세

삼국의 전성기를 이끈 왕들

백제: 근초고왕　**고구려**: 광개토 대왕, 장수왕　**신라**: 진흥왕

가다 — 역사 장소

박물관

한성백제박물관
백제 문화를 알 수 있는 대표 박물관. 백제의 역사와 유물들을 보존하고 전시함.

국립중앙박물관 고대관
삼국의 역사와 유물들을 보관하고 전시하는 박물관.

국립경주박물관
신라의 역사와 유물들을 보존하고 전시하는 박물관.

보다 역사 유물

칠지도
백제와 일본의 관계를 알 수 있는 중요한 유물.
백제가 일본에 준 선물임.

광개토 대왕릉비
고구려 장수왕이 아버지 광개토 대왕의 업적을 알리기 위해 세운 비석. 중국에 있음.

진흥왕 순수비
신라의 진흥왕이 영토를 확장한 후에 직접 찾아다니며 세운 비석.

임신서기석
신라의 두 화랑이 맹세를 새긴 비석.

확인하기

01 다음은 세 나라의 전성기를 보여 주는 지도예요. ( ) 안에 시기와 왕의 이름을 써 보세요.

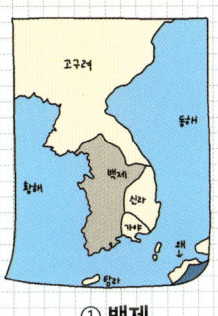
① 백제
( )세기 ( )왕

② 고구려
( )세기 ( )왕

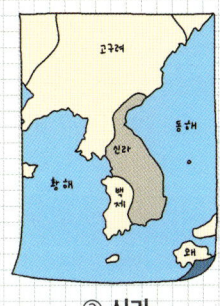
③ 신라
( )세기 ( )왕

02 보기에서 빈칸에 들어갈 알맞은 낱말을 찾아 가야의 설명을 완성해 보세요.

 보기: 연맹, 한강, 낙동강, 구리, 철광석, 고구려, 신라, 백제

가야는 여러 나라로 이루어진 (①) 국가예요. (②) 유역에 자리 잡은 가야는 질 좋은 (③)을 풍부하게 생산할 수 있었기 때문에 바닷길을 이용해 외국과 무역을 하였어요. 하지만 연맹 국가들이 힘을 모으지 못해서 힘을 잃었고, (④)에게 멸망하고 말았어요.

풀이 **01** ① 4, 근초고왕, ② 5, 광개토 대왕, ③ 6, 진흥왕 **02** ① 연맹 ② 낙동강 ③ 철광석 ④ 신라

5장
하나로 통일한 신라, 고구려를 계승한 발해

세 나라는 더 넓은 땅을 차지하기 위해 끊임없이 전쟁을 하였어요.
몇백 년간 계속된 전쟁의 마지막 승자는 신라가 되었지요.
신라는 삼국을 통일한 후 안정과 번영을 누리는 평화로운 시대를 맞았어요.
드넓은 고구려의 옛 땅은 중국 당나라가 차지했지만,
고구려가 멸망한 후 30년 뒤 새 나라 발해가 들어섰어요.
남쪽에는 신라, 북쪽에는 발해가 함께 살았던 이 시대를 남북국 시대라고 해요.
신라와 발해는 어떤 역사와 문화를 이어 나갔을까요?

598년
수나라 문제,
고구려를 공격함.

612년
고구려 을지문덕,
수나라와의 전쟁에서
승리를 이끎.
(살수대첩).

648년
신라 김춘추,
당나라 태종을 만남.

645년
고구려, 당나라와의
전쟁에서 승리함.
(안시성 전투)

642년
고구려 연개소문,
권력을 잡음.

660년
백제, 나당 연합군에 패해 멸망함.

668년
고구려, 나당 연합군에 패해 멸망함.

중국도 두렵지 않은 강한 나라 1탄 고구려 VS 수나라

고구려, 백제, 신라는 몇백 년 동안 끊임없이 전쟁을 하였어요.

게다가 중국과 맞닿아 있는 고구려는 오랫동안 중국하고도 잦은 전쟁을 해야 했어요.

그런데 그때는 중국이 크고 작은 나라로 나뉘어 있어서, 중국도 자기들끼리 많은 전쟁을 하고 있었어요.

그 사이에 고구려는 큰 세력을 떨치며, 동북아시아에서 강한 나라가 되었지요.

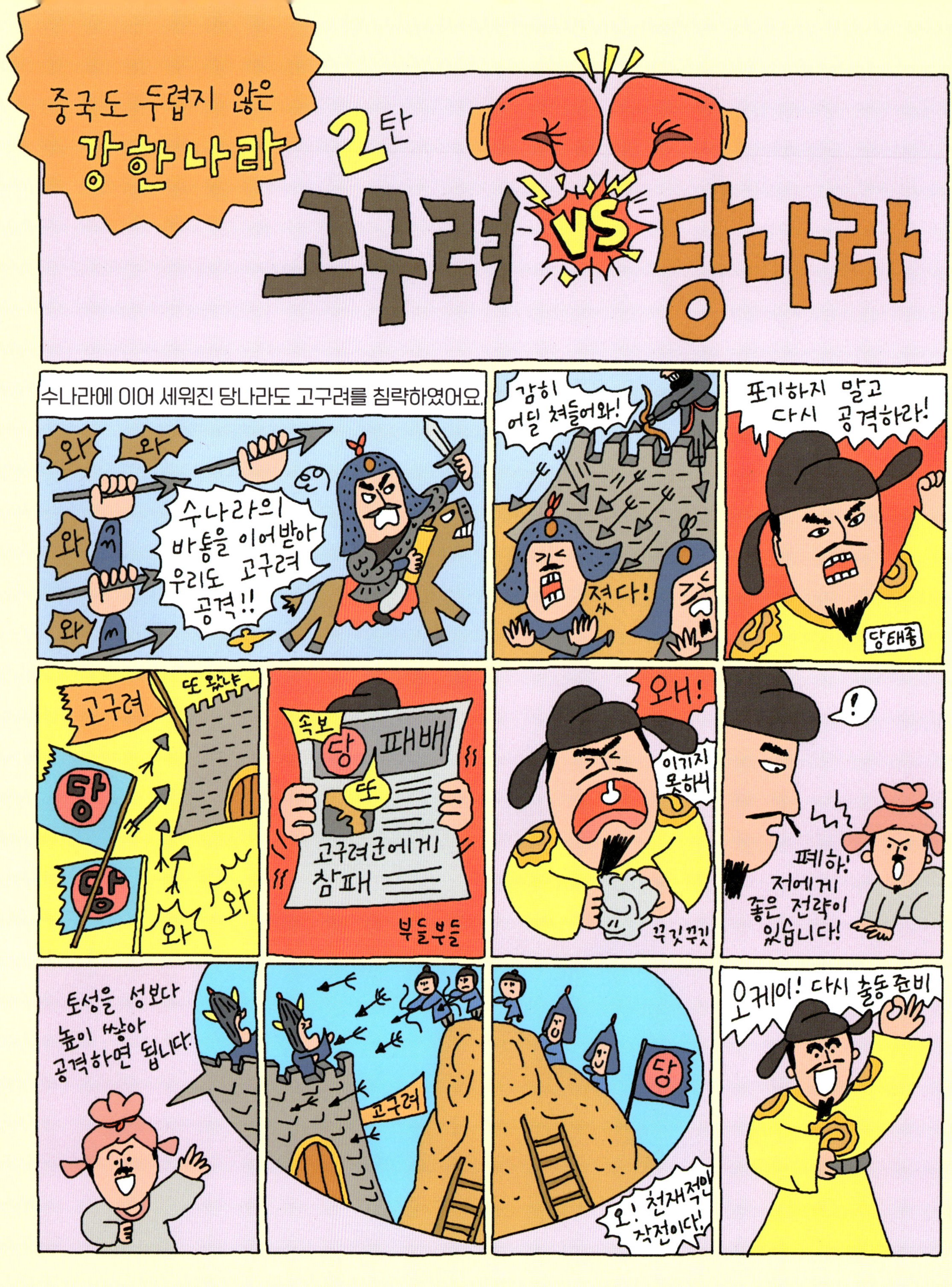

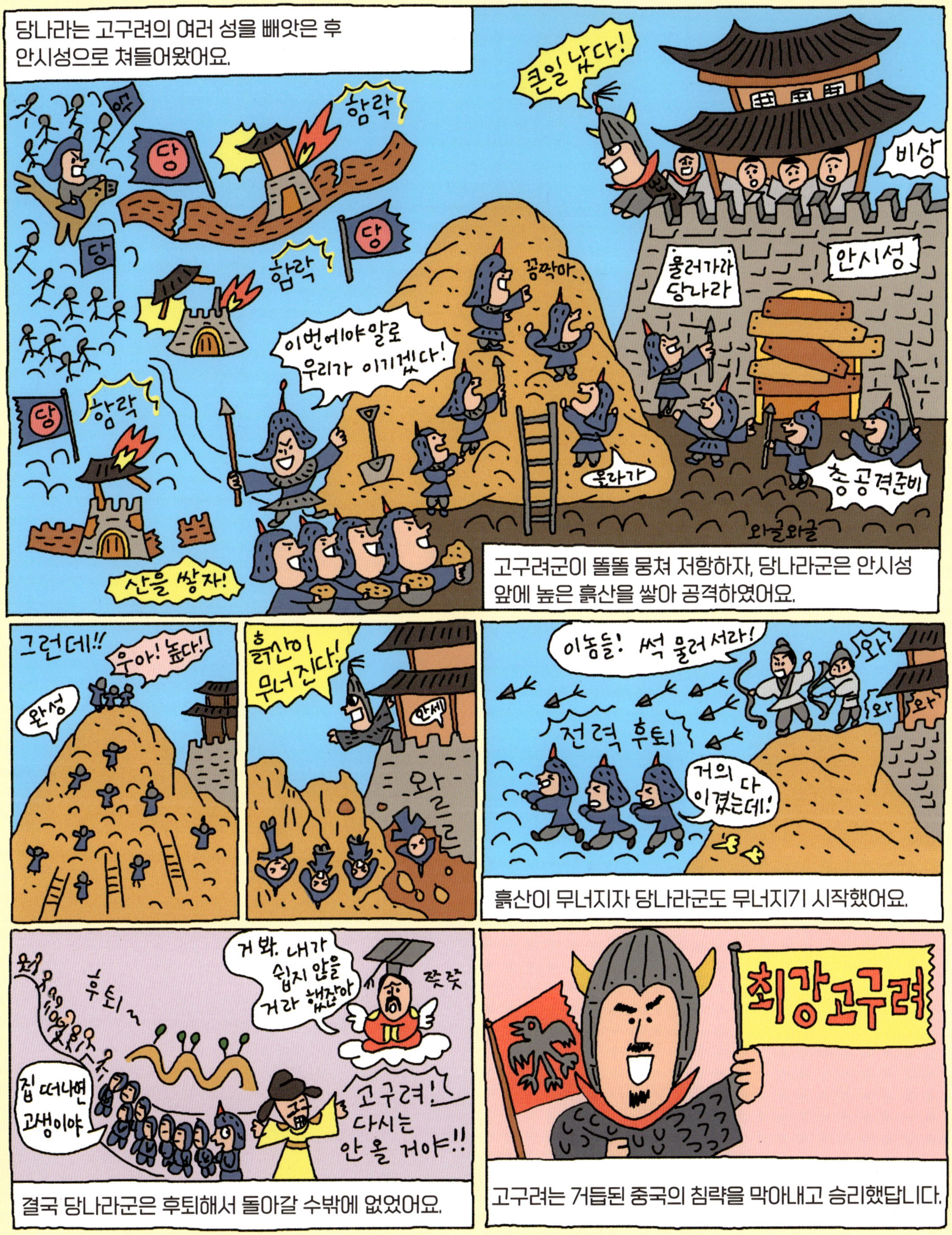

삼국의 운명을 바꾼 세 사람

6세기, 백제 의자왕은 신라에게 한강 하류를 빼앗긴 후 되찾을 기회를
호시탐탐 노리고 있었어요. 그러다가 642년 백제 의자왕이
몸소 전쟁터에 나가 한강 유역 대신, 신라의 성 40여 곳을 빼앗았어요.
신라는 그중에 군사적으로 아주아주 중요한 땅인 대야성을
백제에 빼앗기자 큰 충격에 빠졌어요.

신라는 이대로 백제를 가만두고 볼 수 없었어요.
그래서 방법을 찾기 위해 김춘추를 고구려에 보냈어요.
둘이서 손을 잡고 백제를 공격하자고 말이에요.

백제가 군사적으로 아주 중요한 신라의 성을 빼앗았어요.
그곳이 어딘지 지도에서 찾아보고, 그 성의 이름을 말해 보세요.

그런데 고구려의 연개소문은 신라가 빼앗아 간 한강 유역의
땅을 내놓으라며, 김춘추를 감옥에 가두어 버렸어요.
김춘추는 어떻게든 살아 돌아갈 방법을 찾아야 했어요.
그때 김춘추는 '토끼의 간' 이야기가 생각났어요.
김춘추는 토끼가 간을 놓고 왔다는 거짓말로 용궁에서
살아 나온 것처럼, 자신도 신라로 돌아가면 한강 유역의 땅을
꼭 돌려주겠다고 약속한 뒤 고구려를 빠져나왔어요.

김춘추, 의자왕, 연개소문, 이 세 사람이 벌인 전쟁은
삼국의 운명을 바꾸는 중요한 사건이 되었어요.

 신라, 당나라와 손을 잡다

김춘추는 고구려를 빠져나온 뒤 중국 당나라로 갔어요.
그는 당나라에게 백제와 고구려를 같이 무너뜨리자고 제안하였어요.
당나라 태종은 김춘추의 제안이 무척 반가웠어요.
당나라는 지난날 안시성 전투로 고구려에게 당한 패배를 되갚아 줄
좋은 기회라고 생각했기 때문이에요. 고구려를 침략하였다가
번번이 실패한 당나라는 늘 기회를 엿보고 있었거든요.
궁지에 몰린 신라 역시 당나라에게라도 도움을 받아
백제를 물리쳐야 한다고 생각했고요.

북쪽에서는 당나라가, 남쪽에서는 신라가 고구려를 공격한다면,
충분히 이길 수 있을 것 같았어요.
두 나라는 백제의 땅은 신라가, 고구려의 땅은
당나라가 차지하자고 약속하고 서로 손을 잡았어요.
이 일을 신라와 당나라의 연합(나당연합)이라고 해요.

✏️ 신라 김춘추와 당나라 태종이 연합을 한 이유를 각각 찾아 밑줄 그어 보세요.

나당 연합군, 백제와 고구려를 공격하다!

신라의 왕이 된 김춘추는 백제를 공격하였어요. 백제의 의자왕은
처음에는 나라를 잘 다스렸지만, 점차 정치적으로 혼란에 빠져
전쟁 준비를 제대로 하지 못했어요.

백제 계백이 이끄는 5천 명의 결사대와 신라 김유신이 이끄는 5만 명의
신라군은 황산벌에서 만났어요. 계백의 결사대는 용감하게 싸웠지만,
병사가 열 배나 넘는 신라군을 도저히 이길 수 없었어요.
소정방이 이끄는 당나라 군사까지 백제로 들어오면서
660년에 백제는 결국 멸망하고 말았어요.

신라와 당나라는 백제를 무너뜨린 기세로 고구려를 공격하였어요.
고구려는 계속되는 외세의 침략에도 굳건하였어요.
하지만 연개소문이 세상을 떠나자 고구려의 지배층은 혼란에 빠졌어요.
벼슬아치들이 서로 권력을 차지하기 위해 다툼을 벌이는 때에
신라와 당나라가 고구려의 정복에 나선 거예요.

지배층의 분열로 고구려의 도읍지인
평양성 문이 너무 쉽게 열리면서
결국 668년 고구려가
멸망하였어요.

욕심을 드러내는 당나라

백제와 고구려가 멸망하자, 신라는 전쟁이 다 끝났다고 생각했어요.
하지만 당나라는 백제의 옛 땅은 신라가 차지하고, 고구려의 옛 땅은
당나라가 차지하기로 한 약속을 지키지 않았어요.
당나라는 백제와 고구려의 옛 땅에 각각 당나라의 벼슬아치를 세워
두 나라를 모두 지배하려고 하였어요. 뿐만 아니라, 신라 문무왕을
당나라 황제를 대신해 신라를 다스리는 벼슬아치로 임명했어요.
동북아시아의 최강자였던 고구려만 없다면,
신라는 아무것도 아니라고 생각한 거예요. 그렇게 당나라는
한반도 전체를 차지하려는 욕심을 드러냈어요.

당나라가 제일 두려워했던 나라는 어느 나라였는지 써 보세요.

삼국을 통일하고, 당을 몰아낸 신라

신라 문무왕은 당나라를 몰아내기 위한 전쟁을 벌여야 했어요.
그리고 옛 백제와 고구려 사람들의 마음을 달래기 위해 노력했지요.
우선 옛 백제와 고구려 사람들이 차별받는 일이 없도록 했어요.
두 나라에서 벼슬을 하던 사람에게는 그 지위에 맞는
신라의 벼슬을 내려 주고, 살 만한 땅을 마련해 주었어요.
백제와 고구려 사람들은 나라를 되찾기 위해 노력하는 한편으로,
점차 신라의 백성이 되어 갔어요.
신라는 옛 백제와 고구려 백성들과 손을 잡고
675년 매소성 전투에서 당나라 군대를 물리쳤어요.
당나라는 대규모의 군대를 보내 신라를 공격했지만, 기벌포 전투에서
신라군이 크게 승리하였어요.
결국 문무왕은 당나라를 우리 땅에서 완전히 몰아냈어요.
마침내 한반도에서 수백 년 동안 계속된 전쟁이 끝났어요.
676년, 신라의 삼국 통일로 고구려와 백제, 신라 사람들이 하나가 되었어요.
이때부터 우리는 한겨레로서 이 땅에서 새로운
민족 문화를 이루어 나갔어요.

그림을 보면서 신라의 삼국 통일 과정을 크게 읽어 보세요.

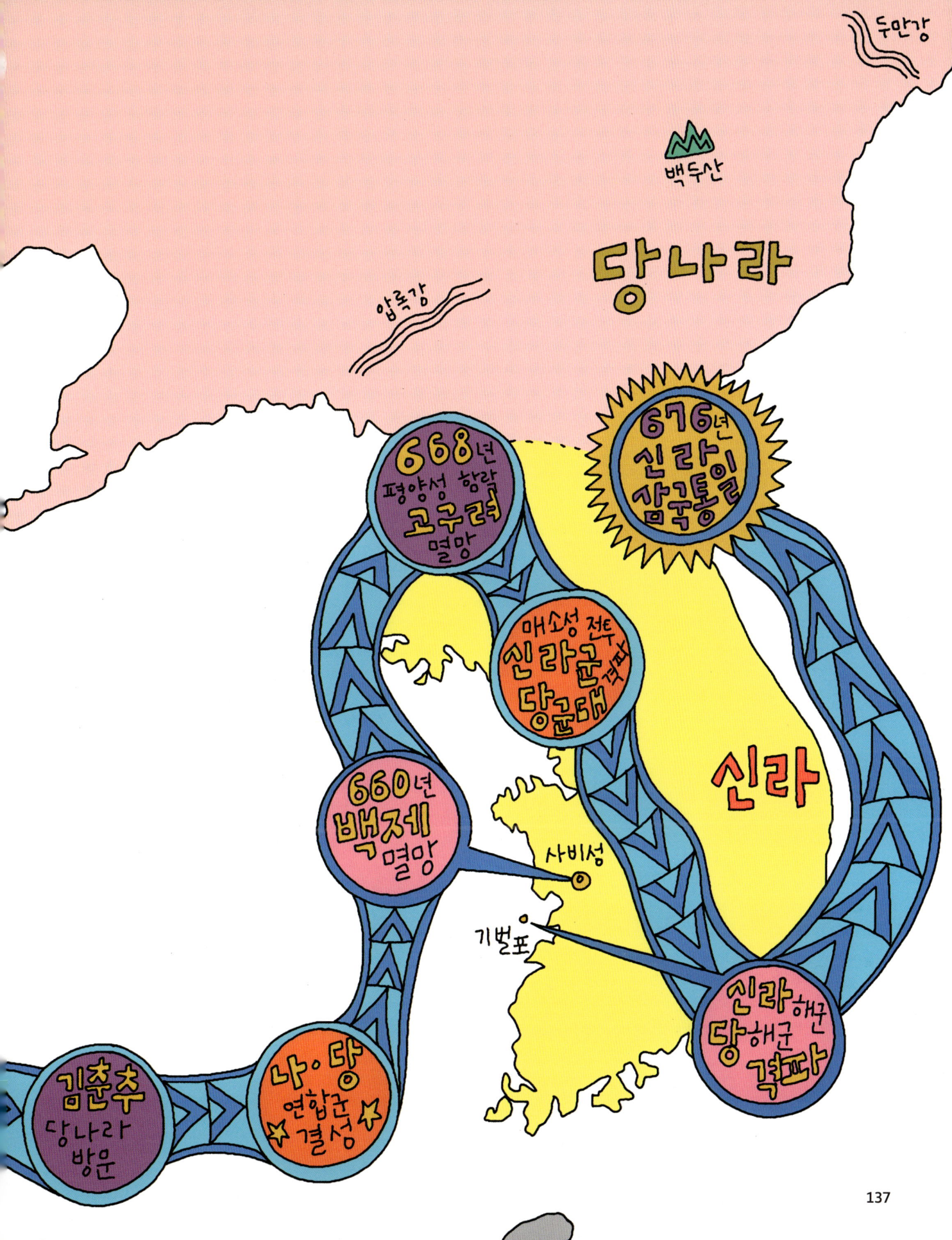

삼국에 불교 문화유산이 많은 까닭

삼국의 왕은 귀족의 힘을 누르고 왕권을 세우기 위해 노력하였어요.
그러기에 불교는 더없이 좋은 종교였지요.
불교에서는 깨달음을 얻으면 부처가 될 수 있어요. 그래서 백성들에게 왕이 깨달음을 얻은 부처라고 가르쳤어요. 백성들이 부처를 믿듯 왕을 섬기면 그 마음이 왕에게 모일 테고, 자연히 왕의 힘도 키울 수 있기 때문이에요. 그래서 왕은 백성들에게 불교를 장려하였어요. 나라 곳곳에 절을 짓고 탑을 세우고, 불상을 만들었어요. 덕분에 우리는 조상들이 남긴 불교 문화유산을 통해 역사를 공부하고, 문화를 감상하고 있지요.

고구려의 불상 '연가칠년명 금동불입상'은 신라 땅에서 발견된 고구려의 작은 금동불이에요. 불상의 뒷면에 불상을 만든 시기와 이유가 새겨져 있어요.

백제의 불상 '서산 용현리 마애여래 삼존상'은 천진난만하고 너그러운 미소 때문에 백제의 미소라고 불리는 불상이에요.

신라의 불상 '경주 남산 장창곡 석조미륵삼존불'이에요. 착한 아이의 모습을 하고 의자에 앉아 있는 부처예요.

불상뿐 아니라 탑도 부처라고 생각하였어요.
왜냐하면 탑에는 부처의 사리가 들어 있기 때문이에요.
석가모니가 죽은 뒤 인도의 장례 방식대로 화장을 했는데,
엄청난 양의 사리가 나왔어요. 그래서 석가모니의 제자들이 사리를 보관하기 위해
탑을 세웠답니다. 그 사리가 인도에서 중국을 거쳐, 우리나라에 전래되었어요.

가장 오래된 신라의 탑
'경주 분황사 모전 석탑'이에요.
돌을 벽돌 모양으로 만들어
쌓은 석탑이에요.

우리나라 석탑의 어머니 '부여 정림사지 5층 석탑'이에요.
국보 제9호. 백제 시대의 석탑으로 부여 정림사지 터에 있
어요. 목탑의 구조와 비슷하지만 돌의 특성을 살려 전체적
인 형태가 매우 우아하고 아름답습니다. 그래서 삼국 통일
후 신라의 불국사, 석가탑 등 많은 탑에 영향을 주었어요.

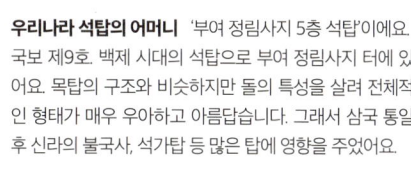

백제에서 가장 큰 탑 (위) 복원 전 / (아래) 복원 후
'익산 미륵사지 석탑'은 2019년에 복원이 되었어
요. 우리나라에 남아 있는 석탑 중 가장 커요. 석탑
이지만 나무를 쌓아 목탑을 만드는 방식으로 만들
어요.

단원 정리

알다 — 역사 용어

☑ **삼국 통일**
고구려, 백제, 신라가 서로 경쟁하며 발전하다가, 나당 연합군에 의해 백제와 고구려가 멸망. 그 이후 당나라가 한반도를 전부 지배하려는 욕심을 보이자, 신라가 고구려, 백제 유민들과 함께 당나라를 우리 땅에서 몰아내고 삼국을 통일함.

☑ **중국 수나라**
진나라 이후 작은 나라들로 분열되었던 중국을 통일한 나라. 수양제와 수문제 두 왕이 수나라를 다스렸으며, 고구려를 차지하기 위해 무모한 전쟁을 시작했다가 고구려에 패한 후 내분을 겪다가 멸망.

☑ **중국 당나라**
중국 수나라 이후 세워진 나라. 당나라 태종 역시 고구려를 차지하기 위해 노력했고, 신라의 요청으로 나당 연합군을 만들어 백제와 신라를 무너뜨림. 그러나 신라와의 약속을 지키지 않고 한반도를 차지하려 함. 결국 신라군의 공격에 패해 물러감.

만나다 — 역사 인물

의자왕 백제의 마지막 왕. 초반에는 나라를 잘 다스리려고 많은 노력을 기울였으나, 점차 정치적으로 혼란에 빠져 결국 나당 연합군에 의해 백제가 멸망함.

계백 백제 말의 장군. 마지막 백제와 나당 연합군과의 전쟁에서 노예가 되느니 죽는 편이 낫다고 생각하여 가족 모두를 죽이고 전쟁에 나감. 5천 백제군이 5만 신라군을 잘 물리쳤으나, 결국 황산벌 전투에서 전사함.

연개소문 고구려 말의 장군이자 스스로 가장 높은 관직에 오름. 당나라의 공격을 용감하게 막아내 강한 고구려를 만들었으나, 그가 죽은 후 아들들의 자리다툼으로 결국 고구려의 힘이 약해짐.

김유신 가야에서 신라로 귀순한 가야 왕족의 후손. 나당 연합군이 만들어졌을 때 신라가 삼국 통일을 할 수 있도록 김춘추를 도와 큰 공을 세운 용감한 장군.

김춘추 신라 제29대, 태종 무열왕. 가야 왕족 출신의 김유신과 함께 뛰어난 외교 활동을 통해 나당 연합군을 만드는 데 중요한 역할을 함.

가다 역사 장소

전쟁기념관 역사실
역사실, 6.25실, 국군발전실 등으로 되어 있음. 특히 역사실은 구석기부터 일제 강점기까지 지도, 설명, 사진, 유물, 체험 활동, 영상 등으로 다양하게 전시되어 있음.

보다 역사 유물

부여 정림사지 5층 석탑
이 석탑은 아름다울 뿐만 아니라 백제, 신라, 당나라 전쟁의 역사가 담겨 있음. 이 탑의 1층에 사방으로 글자가 새겨져 있는데, 그 내용은 당나라가 신라와 힘을 합쳐 백제를 공격하여 승리한 과정을 적은 것임. 당나라 장군 소정방이 쓴 글씨가 발견됨.

당나라 소정방의 글씨가 백제 탑에 새겨져 있다니!

확인하기

01 다음은 신라가 삼국을 통일하는 과정이에요. 빈칸에 알맞은 나라 이름을 넣으세요.

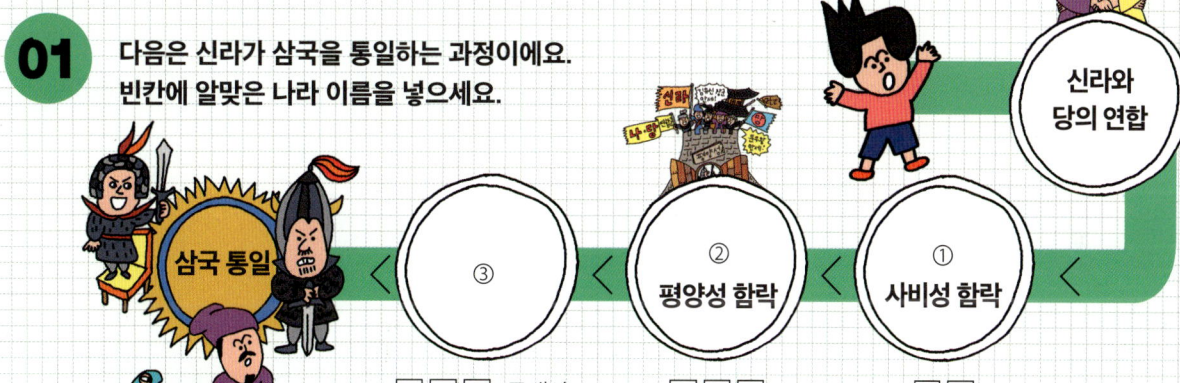

신라와 당의 연합 < ① 사비성 함락 < ② 평양성 함락 < ③ < 삼국 통일

□□ 멸망　□□□ 멸망　□□□ 군대와 매소성, 기벌포 전투에서 승리.

02 다음 중 삼국 통일의 의의를 바르게 말한 인물은 누구인가요?

① **김춘추**: 고구려와 신라가 힘을 합해 통일했지.
② **의자왕**: 신라만의 힘으로 통일을 이루었어.
③ **연개소문**: 고구려, 백제, 신라가 대화로 평화 통일을 이루었어.
④ **김유신**: 삼국 사람들을 하나로 모아 민족 문화의 발전을 위한 토대를 마련했어.

6장
평화로운 시대를 맞이하다

길고 긴 전쟁이 끝나자, 평화로운 시대가 찾아왔어요.
몇백 년 동안 계속된 전쟁으로 고단하고 힘든 삶을 살았던 백성들은
거칠어진 땅을 일구고, 잘 살게 될 거라는 기대를 하게 되었고,
더 이상 가족을 전쟁으로 잃지 않아도 된다고 생각했어요.
외국과의 교류도 활발해졌어요.
통일신라 시대의 모습을 좀 더 알아볼까요?
또 고구려 땅에 세워진 발해는 어떻게 발전했는지도 살펴보기로 해요.

681년
신문왕,
신라의 왕위에 오름.

702년
성덕왕,
신라의 왕위에 오름.

719년
무왕,
발해의 왕위에 오름.

727년
혜초,
『왕오천축국전』을 씀.

751년
신라, 불국사와 석굴암을
만들기 시작함.

742년
경덕왕,
신라의 왕위에 오름.

732년
발해,
당나라를 공격함.

774년
신라, 석굴암을 완성함.

785년
원성왕, 신라의 왕위에 오름.

 # 문무왕의 마지막 소원

문무왕은 백성들의 바람대로 그들의 생활을 안정시키고,
더 나은 나라를 만들기 위해 노력하였어요. 백성들의 세금을 가볍게 하고,
귀족들에게 진 빚도 덜어 주었어요. 무기를 녹여 괭이와 호미를 만들고,
백성들이 편안하게 살 수 있도록 하였어요.

문무왕은 아들 신문왕에게 자기가 죽으면 커다란 왕릉을 만들지 말고
장례 절차도 검소하게 하라고 했어요. 그리고 불교의 가르침대로
화장을 해서 뼛가루를 동해에 뿌려 달라고 하였어요.
동해의 용이 되어 신라를 지키겠다는 마음이었지요.
681년, 문무왕이 세상을 떠났어요.
죽어서도 신라를 지키고자 했던 문무왕의 마음은 신라를
평화로운 시대로 이끄는 힘이 되었어요. 그 덕분에 신라는
외적의 침입을 받지 않고, 오랫동안 평화로운 시대가 계속되었어요.

✏️ 신문왕이 아버지 문무왕을 위해 감은사라는 절을 지은 후, 용으로부터 받은
대나무로 만든 신기한 피리 이름은 무엇일까요?

경주 문무 대왕릉
경상북도 경주의 바다 안에 있는
통일 신라 30대 문무 대왕의 수중릉. 대왕암이라고도 불러요.

감은사지
682년 신문왕이 아버지 문무왕의 뜻을 이어 완공한 절.
절터와 두 개의 3층 석탑이 남아 있어요.

신라, 안정과 번영을 누리다!

삼국을 통일한 뒤 신라에는 땅도 사람도 크게 늘어났어요.
신문왕은 새 나라를 잘 다스리기 위해서 무엇보다 왕의 힘이 강해야
한다고 생각했어요. 그러자 귀족들이 반대하였어요. 자기들의 힘이
약해질 테니까요. 신문왕은 왕에게 반발하는 귀족들을 없애고,
백성들이 편안하게 살 수 있는 방법들을 실천해 나갔어요.
왕의 명령과 나라의 정책이 지방까지 골고루 잘 전달될 수 있도록 하였어요.
왕이 중심이 되어 나라를 이끌어 갈 수 있도록 말이에요.
세금을 제대로 거두기 위해 나라의 제도와 기틀도 새롭게 하였어요.
나라의 인재를 기르기 위해 '국학'이라는 학교도 세웠어요.

🖊 삼국을 통일한 후, 왕의 힘을 강화하고, 국학을 세우고, 세금을 제대로 거두기 위한
제도를 만든 왕이 누구인지 찾아 동그라미 해 보세요.

전쟁이 사라진 평화로운 시대에 백성들은 마음 놓고 가족을 돌보며
농사를 짓고 살았어요. 세금을 내는 백성들이 크게 늘어나고
나라의 살림이 풍요로워지자, 백성들의 생활이 점점 안정되었어요.
신라에서 만든 문서에는 한 마을의 인구와 가축의 수, 논밭의 넓이와
과일나무가 몇 그루 있는지 아주 자세하게 기록되어 있어요. 세금을 거두기 위해
마을과 백성을 얼마나 정확하게 파악하고 있었는지 알 수 있답니다.
신라는 신문왕의 손자인 성덕왕과 그의 아들인 경덕왕 때
이룬 안정과 번영을 바탕으로 찬란한 문화를 꽃피웠어요.
불국사와 석굴암 같은 세계적인 문화유산도 이때 만들어졌어요.

불국사

석굴암

활기찬 신라의 수도, 금성

신라의 수도인 금성은 중요한 도시예요. 삼국 통일 후에는
더 많은 사람들이 금성으로 모여들어 신라에서 가장 큰 대도시가 되었어요.
사람이 늘어나 집들도 많아졌는데, 금성에는 온통 기와집뿐이었어요.
그중에는 금을 입힌 화려한 귀족의 집들도 있었어요.

금성 사람들은 풍로에 숯을 피워 음식을 만들었어요. 아궁이에 나무를
태울 때처럼 연기와 그을음이 생기지 않아 쾌적하게 생활할 수 있었지요.
금성은 도로가 바둑판 모양으로 뻗은 도시예요. 잘 정돈된 도로는
여러 대의 수레가 지날 수 있을 정도로 넓었어요.
나라의 모든 소식은 금성으로 모였고,
중요한 나랏일도 금성에서 결정되었어요.
금성은 늘 새로운 이야기와 그것을 전하는 사람들로 넘쳐났어요.

거리에는 음악 소리가 그치지 않고, 사람들이 밝은 달 아래에서
밤새도록 어우러져 노닐 정도로 활기찬 도시였어요.
나라 안팎의 진귀한 물건도 모두 금성으로 모였어요.
지방에서 올라오는 특산품은 물론이고, 당나라나 서역의 상인들이
가지고 온 수입품을 시장에서 만날 수 있었어요.

그림처럼 '금성에 가면' 노래를 만들어 불러 보세요.

특히 향내가 나는 자단나무, 금을 입힌 그릇, 푸른빛의 유리그릇 등
외국에서 들여온 수입품은 금성에 사는 귀족들이 좋아하는 사치품이었어요.
시장에서는 외국 상인들도 쉽게 볼 수 있었어요.
금성은 세계 각지에서 모여든 상인들과 다양한 물건,
그리고 활발한 교류로, 국제 교역지이자 국제도시로 거듭났어요.

 흥덕왕의 사치 금지령

신라 진골 귀족들은 금으로 집을 화려하게 꾸미고, 값비싼 수입품을
사용하며 호화롭게 살았어요. 그러자 흥덕왕이 사치 금지령을 내렸어요.
풍속이 점점 메마르고, 귀족들이 사치와 호화를 일삼으며 진귀한 수입품만
좋아한 나머지, 순박한 우리 것을 멀리한다는 이유를 들어
신분에 따라 조목조목 사치 금지령을 내렸어요.
우선 신분에 맞게 집을 꾸미고 의복을 입도록 했어요.
또 값이 비싼 당나라식 기와로 지붕을 덮거나 금과 은, 황동으로 집을
장식해서는 안 된다고 했어요. 그러나 황금과 화려한 수입품은
진골 귀족들의 부와 권력을 상징하는 사치품이었기 때문에
그들은 흥덕왕의 사치 금지령을 잘 지키지 않았어요.

 신라의 신분 제도, 골품제

골품제는 신라에만 있던 신분 제도예요. '골'은 신라 최고의 신분인 왕족과 귀족으로, 성골과 진골로 나뉘었어요. '품'은 벼슬을 할 수 있는 6두품에서 4두품, 벼슬을 할 수 없는 백성인 3두품에서 1두품으로 구분하였어요.
골품에 따른 차별은 엄격했어요. 신분에 따라 벼슬과 결혼이 결정되었고, 집의 크기, 입는 옷의 색깔과 재료, 수레의 크기가 정해졌어요.
선덕 여왕이 왕위에 오를 수 있었던 것도 성골이었기 때문이에요.
성골만 왕이 될 수 있었는데, 선덕 여왕의 아버지인 진평왕에게는
아들이 없었어요. 그래서 선덕 여왕이 왕이 되었던 거예요.
능력이 아무리 뛰어나도 높은 벼슬에 오르지 못하는 사람들은
골품제에 불만이 있었어요. 특히 6두품은 벼슬을 포기하고
학자나 승려가 되기도 하였는데, 그중에는 신라를 무너뜨리고
새로운 세상을 만들려는 사람도 있었어요.

 비단길의 동쪽 끝, 신라

세계 여러 나라 사람들은 사막, 초원, 바다를 통해 물건을 팔러 다녔어요. 그중에서 사막을 거쳐 중국의 비단을 팔았던 길을 '비단길'이라고 해요. 중국 도자기와 화약, 종이가 유럽으로 전해졌고, 불교와 이슬람교 등의 종교가 중국으로 전해졌어요.

✏️ 지도에서 중국 장안에서 금성까지의 길을 선으로 그어 보세요.

이제 조금만 더 가면 **로마**야!

콘스탄티노플

흑해

사마르칸트

이집트까지 이어진 길이라니!

지중해

바그다드

테헤란

비단 사세요!

험한 길로 다니니까 비싸게 팔 수 밖에.

파미르 고원

알렉산드리아

이란 고원

아라비아 반도

이집트

이 길을 따라 상인들이 실어 나른 물건으로 여러 나라의 문화가 발전했어요. 비단길은 동양과 서양을 잇는 중요한 교역로였어요. 활발한 교역이 이루어진 비단길의 대표적인 도시는 로마, 콘스탄티노플, 바그다드, 테헤란, 둔황, 장안 그리고 신라의 수도 금성이었어요.

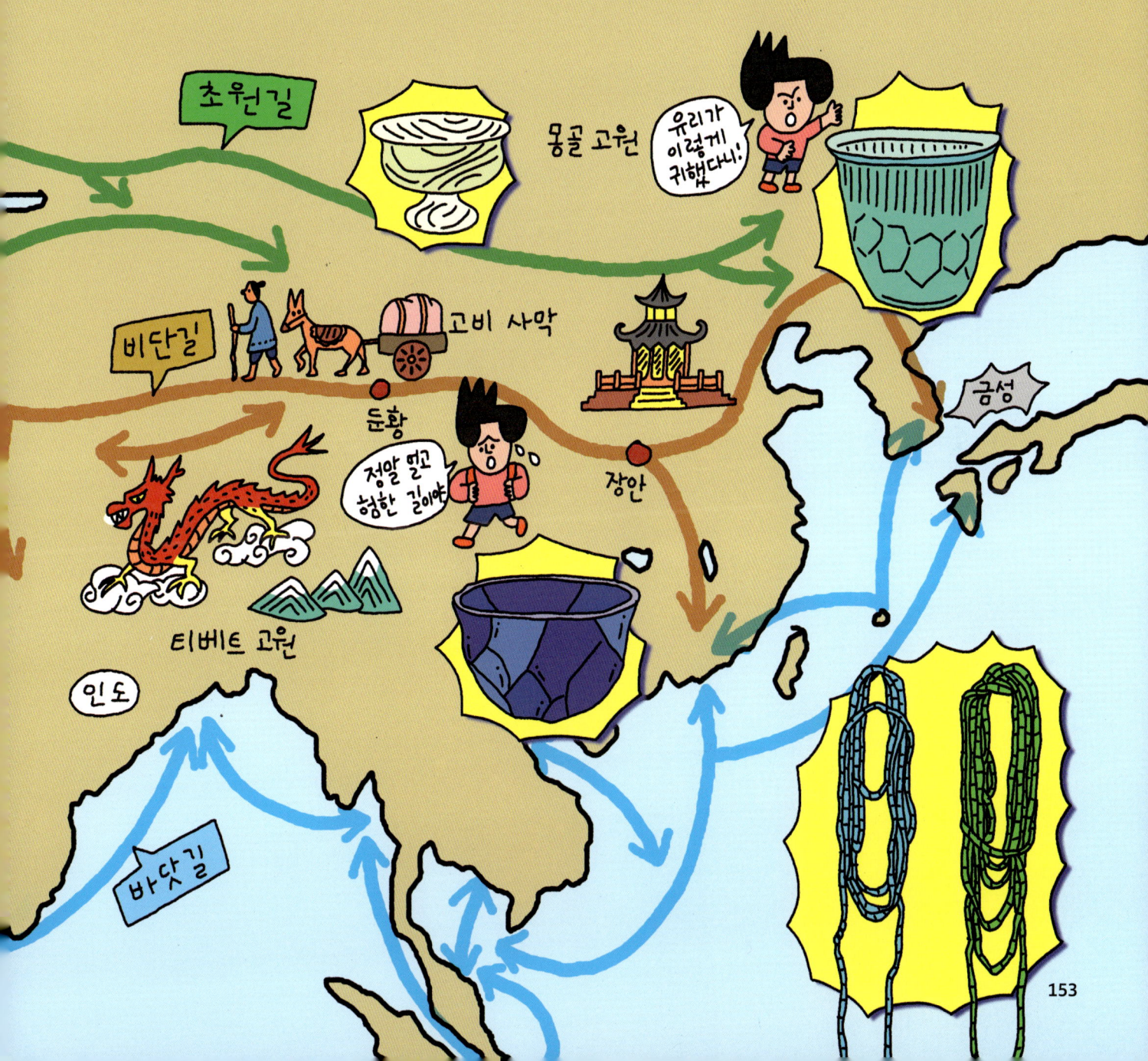

신라에 사는 서역인들

비단길을 따라온 사람들은 대부분 상인이었지만, 새로운 세상을 찾아
여행을 온 사람들도 있었어요. 큰 키에 부리부리한 눈, 오뚝 솟은 큼직한 코,
짧은 곱슬머리에 턱을 덮은 수북한 수염, 긴 팔과 다리 등
신라 사람과는 전혀 다른 생김새를 가진 사람들이었어요.
그 때문에 신라 사람들은 서역에서 온 사람들을 산과 바다에 사는
정령이라고 생각했어요.
그들 중 재주가 많거나 능력 있는 사람은 신라 왕의 눈에 띄어
벼슬을 받기도 하고, 신라 여자와 결혼한 사람도 있었어요.
지금도 경주에 가면 원성왕릉과 흥덕왕릉에서 낯선 얼굴을 만날 수 있어요.

***서역**: 중국의 서쪽에 있던 중앙아시아, 서부 아시아, 인도 등을 이르는 말.

서역인의 모습을 한
흥덕왕릉의 무석인

서역인의 모습을 한
원성왕릉의 무석인

외국으로 간 신라 사람들

낯선 이방인이 금성으로 온 것처럼 신라 사람 중에도
외국으로 간 사람들이 있었어요. 신라는 삼국 통일 직후에는
당나라와 교류하지 않았어요. 사이가 좋지 않았기 때문이에요.
그러나 고구려의 옛 땅에 발해가 건국된 이후부터 가까이 지냈어요.
특히 8세기 무렵 신라와 당나라는 활발히 교류하였어요.
신라의 상인과 유학생, 스님들이 신라보다 선진국이었던
당나라로 건너갔어요. 그러다 보니 당나라에 신라 사람들을 위한
마을이 생겼어요. 이 마을을 '신라방'이라고 해요.
신라방에 살던 신라 사람들은 당나라에 들여온 신라의 물건이나
신라로 보낼 당나라의 물건을 흥정하는 일을 했어요.
또한 당나라에 온 신라 사람들에게 여러 가지 편의 시설을
제공하는 등 귀와 입의 역할을 해 주었어요.

외국으로 간 대표적인 신라 사람은 혜초예요.
어린 나이에 스님이 된 혜초는 당나라로 유학을 갔다가 석가모니가
살았던 인도(천축국)로 여행을 가게 되었어요.
그는 석가모니의 발자취를 따라 여러 불교 유적지를 살펴본 뒤
비단길을 따라 걸어서 약 4년 만에 당나라에 도착했어요.
혜초는 인도를 여행하면서 보고 듣고 느낀 것을 글로 썼는데,
그 책이 『왕오천축국전』이에요.
혜초는 당나라에서 활동하다가 신라에 돌아오지 못하고 세상을 떠났답니다.

『왕오천축국전』

『왕오천축국전』은 중국 둔황 지역에서 발견된 우리나라 최초의
외국 기행문이자, 가장 오래된 책으로 평가받는 소중한 작품입니다.
'인도의 다섯 나라에 갔다'는 뜻으로, 석가모니가 깨달음을 얻은 곳의 풍경,
옷을 벗은 채로 사는 사람들의 이야기가 담겨 있고, 인도 사람들이
신라를 해가 뜨는 동쪽 나라로 부른다는 사실도 들어 있어요.
그 밖에 인도의 옛 생활과 환경, 풍습, 문화 등에 대한
내용들이 적혀 있어요. 현재 프랑스 국립 도서관에 있어요.

 # 고구려의 옛 땅에 세워진 발해

고구려가 멸망한 후 고구려의 옛 땅은 어떻게 되었을까요?
나라를 잃은 고구려 사람들은 여기저기 흩어져 거란족이나
말갈족과 이웃하며 살았어요.
고구려의 옛 땅을 지배한 당나라는 고구려 사람들을 학대하였어요.
나라를 잃은 고구려인들에게 당나라의 학대는 견디기 힘든 고통이었지요.
이때 대조영이 자신을 따르던 고구려 유민들과 말갈족을 이끌고
동모산 지역에 발해를 세웠어요. 고구려가 멸망한 후,
30년 뒤인 698년의 일이에요.

대조영이 어떤 사람들을 이끌고 발해를 세웠는지, 지도를 보고 말해 보세요.

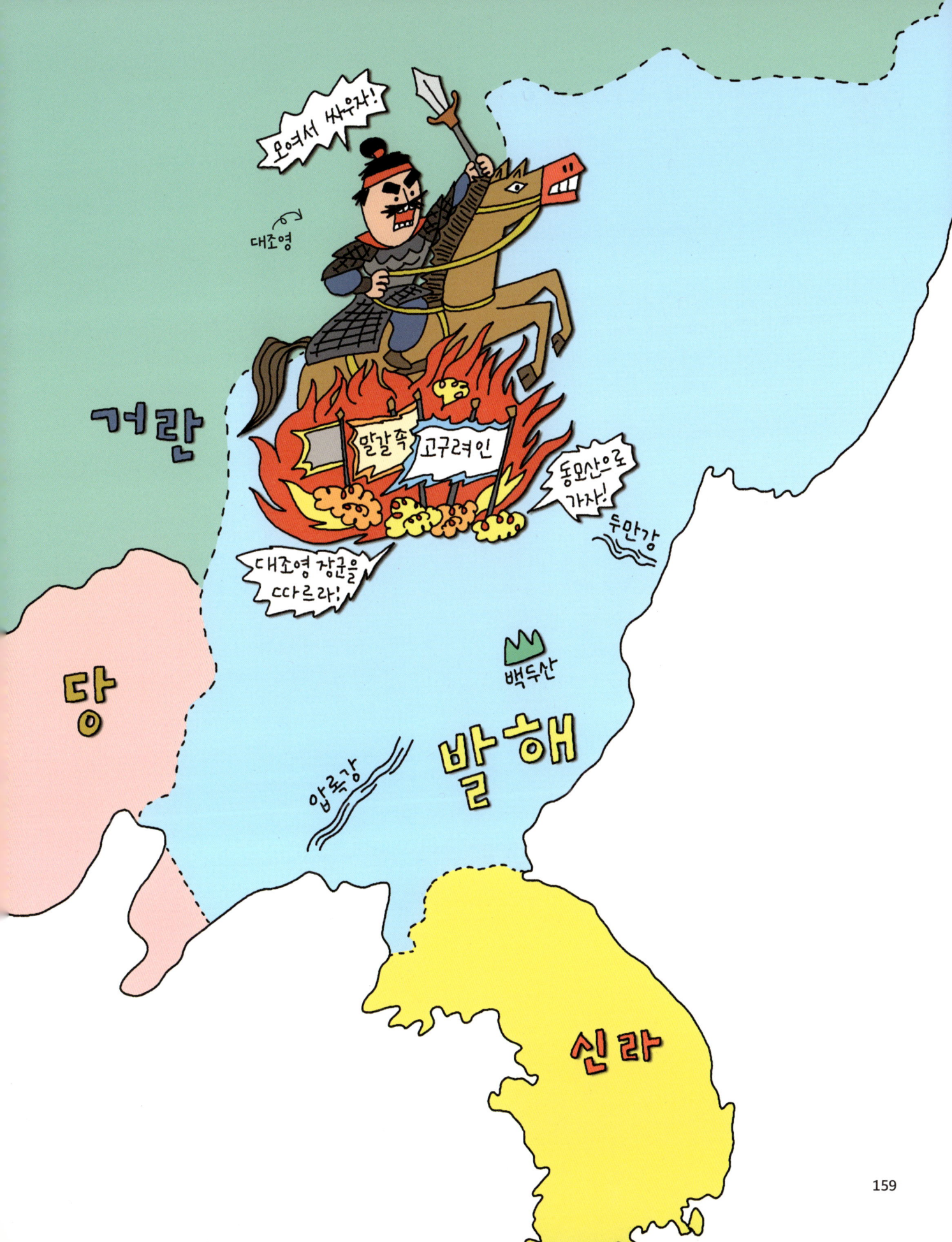

교류하는 발해, 성장하는 발해

발해는 주변의 크고 작은 나라들을 평정하며 빠르게 성장하였어요.
당나라는 발해가 다른 나라들과 손을 잡고 자기 나라를 공격할까 봐,
사신을 보내 대조영을 왕으로 인정하고 발해와 친하게 지내고 싶다고 하였어요.

✏️ 처음에 당나라가 발해와 친하게 지내려고 한 이유를 찾아 밑줄 그어 보세요.

대조영이 세상을 떠난 뒤, 그의 아들 무왕이 왕위에 오르자 당나라는
틈만 나면 발해를 제압하려고 하였어요. 그러나 고구려의 후예들이 세운
발해는 만만한 나라가 아니었어요. 당나라는 발해 정벌에 번번이 실패하자
결국 포기했어요. 무왕은 그 기세를 몰아 영토를 크게 넓혔어요.
이제 발해는 당나라도 무섭지 않은 강한 나라가 되었어요.

무왕에 이어 왕위에 오른 문왕은 무왕과 달리 당나라와 친하게 지냈어요.
사신을 자주 보내 당나라의 선진 문물과 제도를 받아들였어요.
나라가 안정되고 문화가 발전하려면 이웃 나라들과
친하게 지내는 게 유리했으니까요.

 발해, 해동성국으로 발전하다

한번은 신라가 당나라와 힘을 합쳐 발해를 공격해서,
발해도 일본과 손잡고 신라를 공격했던 적이 있어요.
하지만 그때 발해 문왕이 화해를 요청했어요.
덕분에 신라로 가는 교역로가 만들어졌어요.
신라로 가는 길 말고도, 거란으로 가는 길, 당나라로 가는 길,
일본으로 가는 길 등 여러 길이 생겼어요. 문왕은 상경성을 중심으로
길을 만들어 이웃 나라들과 교역을 활발하게 하였어요.
이 길들을 통해 발해의 경제와 문화가 탄탄하게 발전했어요.

발해가 이웃 나라들과 교역하기 위해 만든 길을 그림에서 찾아 하나씩 읽어 보세요.

발해의 열 번째 왕이 된 선왕은 발해의 영토를 최대로 넓혔어요.
고구려보다도 넓고, 신라보다 3배나 더 넓은 땅을 차지하였어요.
발해는 늘어난 땅을 구석구석 잘 다스리기 위해 새로운 지방 행정 구역을
정비했어요. 또 당나라로 유학생을 보내 당나라의 문물과 제도를
적극적으로 받아들여 발해의 학문 수준을 높였어요.

발해가 강하고 수준 높은 나라로 발전하자, 당나라는 발해를
'동쪽 바다 건너에 번성한 나라'라는 뜻으로 '해동성국'이라고 불렀어요.
이제 발해는 천 년의 역사를 이어가던 신라와 어깨를 나란히 하며
어엿한 나라로 자리 잡았어요.

발해, 거란에 멸망하다

선왕이 죽고 난 뒤 약 80여 년이 지나자, 발해의 지배층은
서로 왕이 되려고 싸웠고, 나라 안은 점점 어수선해졌어요.
혼란을 겪는 나라는 발해만이 아니었어요. 중국 대륙을 지배하던 당나라가
무너지고, 신라도 나라의 힘이 약해져 후삼국 시대가 되었어요.
후삼국은 처음에는 신라, 후고구려, 후백제였다가
왕건이 고려를 건국하면서 신라, 고려, 후백제가 되었지요.
이런 틈을 타 새로운 세력으로 성장한 거란이 발해로 쳐들어왔어요.
발해는 한 달도 채 되지 않아 926년에 거란에게 멸망했어요.
발해가 멸망하자, 많은 발해 사람들이 고려로 넘어갔어요.
발해처럼 스스로를 고구려의 후예라고 주장한 고려는
발해 사람들을 반갑게 맞이하였어요.
발해를 형제의 나라라고 생각했기 때문이에요.

발해가 망했을 때, 우리나라는 어떤 시대였는지
그림에서 찾아 읽어 보세요.

한눈에 정리 쫙! 발해가 고구려를 계승했다는 증거를 찾아라!

1. 고구려와 발해의 수막새

수막새란 지붕 기와에서 진흙이 내려오는 것을 막아 주는 지붕의 부속품 같은 거예요.
아래의 고구려와 발해의 수막새 모양을 보세요.
연꽃 봉오리 모양이 서로 비슷하지요?
같은 시기의 백제, 통일 신라, 일본의 수막새는 활짝 핀 연꽃 모양을 하고 있습니다.
모양이 어떻게 다른지 잘 비교해 보세요.

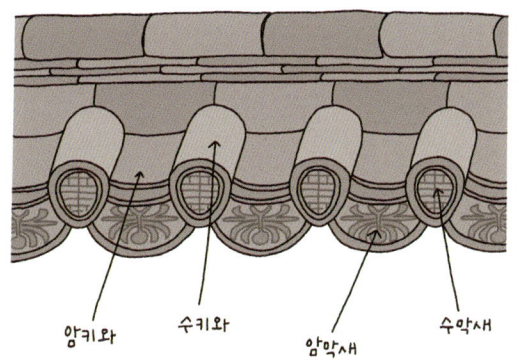

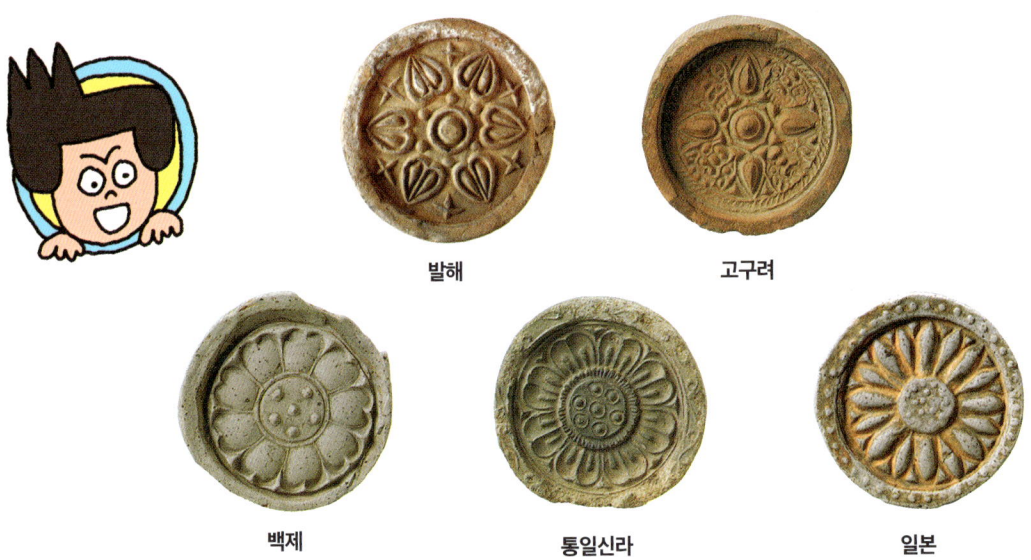

2. 고구려와 발해의 치미

치미는 지붕 꼭대기에 올려놓는 장식물이에요.
솔개의 꼬리 모양처럼 생겼지요. 발해 상경성 터에서 발견된 치미는 고구려의 치미보다 두 배 정도 크지만, 기본적인 구조와 선의 흐름이 고구려의 치미에 영향을 받았음을 알 수 있어요.

3. 발해가 고구려를 계승했다는 문서가 있어요!

발해가 고구려를 계승했음을 스스로 밝힌 문서가 남아 있어요. 그러니 발해의 역사는 당연히 우리 역사에 포함된다는 사실을 꼭 기억하세요!

국립중앙박물관 발해실 / 발해의 문서들과 관련된 유물들 / 견고려사 목간

견고려사 목간 목간은 종이가 귀한 시대에 글을 적은 나뭇조각이에요. 견고려사 목간에는 일본이 발해를 다녀온 사신을 '견고려사'라고 부르면서, 그들을 승진시켰다는 내용이 적혀 있어요. 발해가 고구려를 계승한 나라임을 일본 역시 인정하고 있다는 사실을 알 수 있지요. 여기에서 '고려'는 고구려를 줄여서 한 말이에요.

『구당서』 중국의 역사책 『구당서』에 '발해말갈 대조영은 고려의 별종'이라는 부분이 나와요. 당나라가 대조영을 고구려 사람으로 생각했다는 것을 알 수 있어요.

『속일본기』 일본의 역사책 『속일본기』에 발해 무왕이 일본에 문서를 전할 때 자신을 '고려 국왕'이라고 칭했다는 부분이 나와요. 발해가 고구려를 이은 나라로 생각했다는 사실을 알 수 있어요.

4. 발해의 불교 신앙

발해의 불교는 고구려의 불교를 계승하여 왕실이나 귀족 중심으로 발달했어요.

국립중앙박물관 발해실 / 발해의 불교와 관련된 유물들

단원 정리

알다 — 역사 용어

✅ 남북국 시대
신라가 고구려와 백제를 흡수한 다음, 당나라군을 몰아내 삼국을 통일했고, 통일 신라 시대가 열림. 한편 북쪽에서는 대조영이 고구려 사람과 말갈인을 모아 발해를 건국함. 통일 신라와 발해가 함께 있었던 이 시기를 남북국 시대라고 함.

✅ 해동성국
당나라가 '동쪽 바다 건너에 번성한 나라'라는 뜻으로 발해를 부르던 말.

✅ 금성
신라의 초기 수도 이름. 신라가 고려에 병합되던 때, 경주라는 명칭을 사용하게 되어 그때부터 경주라고 부름.

✅ 골품제
신라 시대의 신분제도. 성골, 진골의 골족과 6두품~1두품으로 구성됨. 왕족들이 안전하게 권력을 이어나갈 수 있게 신분에 차등을 둠. 신분에 따라 집의 크기, 옷 색깔, 장신구 등이 달랐음.

만나다 — 역사 인물

문무왕
신라 시대의 30대 왕으로, 백제와 고구려를 정벌하고, 당나라 군대를 내보낸 후 삼국을 통일함.

신문왕
신라 시대의 31대 왕으로, 통일 후에 왕의 힘을 강화하고, 인재를 키우는 데 노력.

대조영
동모산에 소수의 고구려 유민과 다수의 말갈족을 이끌고 발해를 세움.

선왕
발해의 10대 왕으로, 발해의 발전을 이끎. 말갈족을 복속시켰고, 발해의 영토를 넓게 확장.

가다 — 역사 장소

대왕암과 감은사
대왕암은 화장한 문무왕의 유골을 뿌린 곳으로 알려져 있음. 대왕암 근처에는 감은사터가 있음. 감은사는 신문왕이 아버지 문무왕의 은혜를 감사하는 마음을 담아 지은 절인데, 지금은 그 터만 남아 있음.

동궁과 월지
삼국 통일을 이룬 후 문무왕 때 만듦. 동궁은 나라에 경사가 있거나, 손님을 맞을 때 연회를 베푸는 곳이었음. 월지는 동궁 안에 만든 연못.

 역사 유물

원성왕릉의 무석인
원성왕릉과 흥덕왕릉에 서역인의 모습을 한 무석인이 있음. 통일 신라 시대에 서역인들이 왕래했다는 사실을 알 수 있음.

우리나라에 들어온 다른 나라의 물건들
통일 신라 시대에 다른 나라와 교류가 이뤄졌다는 사실을 여기 있는 유물들로 알 수 있음.

황남대총 금팔찌

황남대총 은제잔

유리제 잔

목걸이

장식 보검

확인하기

01 신라의 안정과 번영을 이끈 왕의 이름을 쓰세요.

> 보기: 문무왕, 선덕 여왕, 태종 무열왕, 신문왕, 경덕왕, 원성왕, 흥덕왕

① ( ) : 676년 삼국 통일, 동해의 용, 신라 30대 왕
② ( ) : 왕권 강화, 국학 설립, 백성을 위한 세금 정책
③ ( ) : 성덕 대왕 신종 제작, 불국사와 석굴암 창건

02 다음 지도와 내용은 무엇을 설명한 것일까요?

동양과 서양을 잇는 중요한 교역로, 주요 상품이 중국의 비단이었음.

초성 힌트: ㅂㄷㄱ

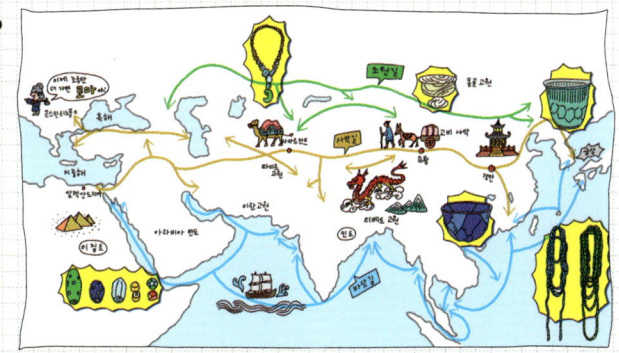

03 발해가 고구려의 역사를 계승하고 있다는 사실을 알 수 있는, 지붕 기와에 쓰인 중요한 유물은 무엇일까요?

☐ ☐ ☐

풀이 01 ① 문무왕 ② 신문왕 ③ 경덕왕 02 비단길 03 수막새

7장
교과서보다 친절한 문화, 문화재 이야기

삼국 시대의 문화 예술을 보여 주는 대표적인 문화유산은
고분과 불교와 관련된 유물이에요.
우리 조상들은 죽음 이후에도 생전의 삶이 이어진다고 믿었기 때문에
무덤에 다양한 물건과 생활 도구들을 넣기도 하고, 벽화를 그리기도 하였어요.
또 불교를 받아들인 후 절과 탑, 불상 등 불교와 관련된 문화유산을 많이 남겼어요.
고구려, 백제, 신라, 가야는 어떤 문화를 꽃피웠을까요?
세계가 인정한 문화유산에 대해 함께 살펴보아요.

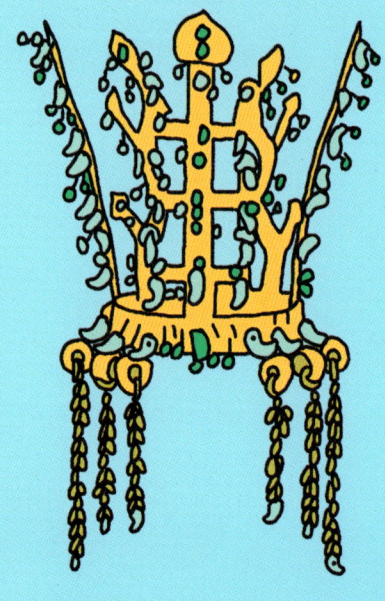

고구려로 가는 타임머신, 고구려 벽화와 유물

고구려는 산이 많은 지형이 터전이었기에, 그 환경을 극복하며 살아야 했어요. 그래서 고구려 문화유산은 섬세하고 역동적인 것이 특징이에요. 고구려 사람들은 무덤을 죽은 후에 살아갈 집이라고 생각해서, 집을 꾸미듯 무덤 안을 웅장하고 화려하게 꾸미고 벽에 그림도 그렸답니다. 그래서 고구려의 역사를 생생하게 보여 주는 고분과 그 안에 있는 벽화가 세계적인 문화유산이 되었어요. 대표적인 고분과 벽화들을 한번 볼까요?

*고분: 역사를 연구하는 데 도움이 되는 옛 무덤.

안악 3호분

황해도 안악군에 있는 고구려 고분이에요.

전쟁에서 승리하고 돌아온 군대의 늠름한 행렬을 찾아보세요.
고구려 군사들의 무기, 갑옷 등도 볼 수 있어요.

고구려 귀족의 집을 볼 수 있어요.
부엌에서는 여러 명의 하인이 일을 하고,
고깃간에는 주렁주렁 고기가 매달려 있어요.
우마차가 여러 대 있는 걸 찾았나요?

무용총

중국 길림성에 있는 고분이에요. 고분 내부의 오른쪽 벽에는 수렵도, 왼쪽 벽에는 무용도가 그려져 있어요.

무용도
잔칫날의 풍경이에요. 주인으로 보이는 사람이 말 위에서 지켜보고 있어요. 하인들은 음식을 나르고, 남자, 여자들이 춤을 추고 있어요.

올림픽에서 양궁 금메달은 고구려의 후예 우리의 것이지!

수렵도
수렵도에 등장하는 사람들의 크기가 다른 이유는 무엇일까요? 호랑이를 사냥하는 사람보다 사슴을 사냥하는 사람의 신분이 높기 때문에 크게 그린 거예요.
그런데 달리는 말 위에서 뒤를 돌아 화살을 쏘다니! 우아~ 고구려 사람들의 활 쏘는 솜씨가 대단했나 봐요.

고구려의 강서대묘

평안도에 있는 고구려 고분이에요. 고구려 사람들은 밤하늘의 동쪽에는 청룡, 서쪽에는 백호, 남쪽에는 주작, 북쪽에는 현무가 있다고 상상했어요. 그리고 무덤에 네 가지 동물을 그리면 죽은 사람을 지켜 준다고 믿었어요. 강서대묘 벽화에는 이런 고구려 사람들의 생각이 잘 나타나 있어요. 네 가지 동물 외에도 상상의 동물인 기린, 해에 사는 삼족오(세발까마귀), 하늘을 나는 물고기 등을 벽화에 그렸고, 용을 탄 신선, 불사약을 든 신선, 불의 신과 농사의 신 등 영원한 삶을 사는 신선들의 모습을 볼 수 있다고 해요.

✏️ 벽화 속 동물들의 모습을 그려 보세요.

고구려의 대표 유물들

호우총 청동 그릇
신라 경주에서 발견된 고구려 그릇이에요. 그릇 밑바닥에 고구려 광개토 대왕의 명칭이 새겨져 있고, 광개토 대왕릉비에 쓰인 정보와 일치해요. 당시 고구려와 신라의 교류가 활발했음을 알 수 있는 중요한 유물이에요.

짐승무늬 수막새
기왓골 끝에 사용되었던 짐승무늬 기와예요.

못신
고구려 벽화 속 무사가 신고 있던 신발이에요. 바닥판은 금속으로 만들어져 있고, 40여 개의 못이 촘촘히 박혀 있어요.

연꽃무늬 수막새
연꽃 봉오리 모양의 수막새예요.

고구려의 장식품들 좀 봐.

고구려 불꽃맞새김무늬관
머리에 쓰는 관의 장식용이에요. 불꽃무늬를 마주 보게 새겨 놓은 관 꾸미개입니다.

맞새김무늬꾸미개
금동으로 만든 꾸미개. 삼족오(세발까마귀)가 표현되어 있어요.

봉황모양꾸미개
얇은 금동판을 오려서 봉황의 옆모습을 표현했어요.

우아하고 세련된 백제의 문화

백제의 문화유산은 많이 남아 있지 않아요.
660년에 멸망할 때 전쟁에서 패배했기 때문에
많은 문화유산이 파괴되었어요.
또, 일제 강점기 때 백제의 왕릉들이 많이 도굴당했고,
도읍지가 서울, 공주, 부여 세 곳으로 흩어져 있었기 때문이에요.
그래도 백제의 문화를 알 수 있는 곳들이 세계 유산으로 선정되었어요.
공주의 공산성, 송산리 고분군, 부여의 관북리, 부소산성, 능산리 고분군,
정림사지, 나성, 익산의 왕궁리유적, 미륵사지 등이에요.

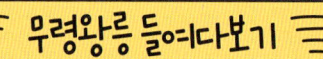
무령왕릉 들여다보기

공주의 송산리 고분군에 있는 무령왕릉은 백제의 문화가
얼마나 우아하고 세련된 국제 문화를 꽃피웠는지 보여주지요.
그리고 무령왕릉은 삼국과 남북국 시대 중 유일하게 주인을 알 수 있는 왕릉입니다.
그중에서 눈에 띄는 것이 중국 동전과 일본 소나무로 만든 무령왕의 관이에요.

무령왕릉 나무관

중국 동전

무령왕릉에서 발견된 유물들

그런데 어떻게 백제 무령왕의 무덤에서 중국 동전과 일본의 소나무로 만든 관이 발견되었을까요? 무령왕은 고구려 장수왕의 공격으로 도읍지를 한성에서 웅진으로 옮긴 후, 웅진에서 다시 백제의 힘을 키워 중국, 일본과 활발하게 교류했어요. 무령왕릉에서 중국 동전이 발견된 이유는 중국과 활발하게 교류했기 때문이에요. 또한 무령왕의 관을 일본의 소나무로 만든 이유는 백제가 일본과 잦은 왕래가 있었다는 증거이지요.

무령왕릉 석수

무령왕비 금제관식

무령왕 금제관식

무령왕비 베개

무령왕릉 청동 거울

무령왕 금귀걸이

무령왕 베개

연꽃무늬 잔

반성하는 도굴꾼

백제의 보물이 역사적으로 중요했구나...

백제 금동 대향로의 비밀 찾기

백제 마지막 도읍지 사비의 한 절터에서 백제 금동 대향로가
온전한 모습으로 발견되었어요.
백제의 뛰어난 예술 감각과 능력을 확인할 수 있는
백제의 대표 문화유산 중 하나예요.
물에서 헤엄치던 용 한 마리가 앞발 하나를 치켜든 채
막 피어날 듯한 연꽃 봉오리를 물고 있어요.
연꽃 봉오리의 몸체에는 꽃잎마다 상상 속의 동물이,
뚜껑에는 산과 계곡마다 신선과 신비로운 동물들이 펼쳐져 있고,
봉오리 위쪽 하늘에는 봉황 한 마리가 있답니다.

뚜껑에는 5명이 음악을 연주하는 모습, 크고 작은 산, 사람들, 동물, 말을 탄 사람들, 불꽃무늬 등이 조각되어 있대!

악사들이 음악을 연주하면, 새들은 노래를 불러요.
신선은 한가로이 개와 산책을 하고, 폭포수에서 머리를 감거나 낚시를 하고, 나무 아래에서 명상을 하기도 해요.
말을 타고 사냥을 하는 사람도 있고,
계곡을 자유자재로 뛰어다니는 동물도 있어요.
고구려 수렵도에 나오는 뒤로 사냥하는 사람도 있어요.
앵무새, 악어, 원숭이, 양, 사자, 코끼리 등 백제 땅에 살지 않았던 동물들까지 표현되어 있어요.
국경을 넘고 바다를 건너 다른 나라와 활발히 교류했던 백제의 모습을 알 수 있어요.

화려한 황금의 나라, 신라

신라는 고구려, 백제의 영향을 받으면서 신라만의 화려한 문화를 발전시켰어요.
신라는 황금의 나라로 불릴 만큼 금이 풍부해서, 금관, 금귀걸이 등 삼국에서 가장 많은 황금 유물이 발견되었어요.
경주의 신라 왕릉에서는 다양한 문화유산이 많이 발견되었어요.
그중 가장 대표적인 것이 금관과 유리병, 토우예요.

금으로 만든 신라의 유물들

천마총과 황남대총에서 금관, 각종 황금 장신구, 귀금속 그릇들이 발견되었어요.
황금의 나라였던 신라의 모습을 잘 보여 주는 신라의 대표 왕릉들입니다.

천마총

황남대총

화려한 금관
경주의 천마총이나 황남대총에서 발견된 금관은 굉장히 화려하고 아름다워요. 그런데 실제로 사용했는지는 알 수 없어요. 왜냐하면 얇고 무른 금판이 무거운 옥을 버티기 어렵기 때문입니다. 그래서 금관은 죽은 사람에게 씌워 주었을 가능성이 높습니다.

번쩍번쩍 하네♡

경주 부부총 금귀걸이
이 귀걸이는 화려하고 정교한 장식이 돋보여요. 커다랗고 둥근 고리에 나뭇잎 모양의 장식들이 주렁주렁 매달려 있는데, 깨알보다도 작은 금 알갱이를 무려 5,000개 넘게 붙여 세밀하게 장식을 하였어요.

신라의 대표 유물들

토우 장식 항아리
토우는 주로 신라에서 발견된 흙 인형이에요.
신라 사람들은 무덤의 주인이 외롭지 않도록 사람과
동물 친구를 흙 인형으로 만들어 무덤에 넣어 주었어요.
노래를 하거나 악기를 연주하고 춤을 추는 사람 모양도 있어요.

봉수형 유리병
경주 황남대총에서 발견된
봉수형 유리병은
손잡이만 파랗고 나머지는
신비로운 연녹색이에요.
그리스나 페르시아에서 주로 사용하던
이 유리병은 비단길이나 바닷길을 통해
신라에 전해진 귀한 수입품이에요.

기마 인물형 토기
기마 인물형 토기는 주인과 하인으로 보이는 인물이
각각 말을 탄 모습으로, 말 탄 사람의 의복과 각종 말갖춤이
잘 표현되어 신라인의 생활상을 보여주는 아주 중요한 유물입니다.

신라의 과학 유산, 첨성대

첨성대는 하늘을 관찰하는 시설로 알려져 있어요.
하늘을 우러러 받들고, 농사를 통해 백성의 생활을 안정시키고 싶었던 선덕 여왕의 마음이 잘 드러난 건축물이지요.
그래서 선덕 여왕의 왕권을 상징하는 건물이라고 할 수 있어요.

↙ 경주 첨성대

정말 별을 관측하는 천문대였을까?

첨성대 구조
첨성대를 쌓은 돌의 수는 모두 361개이고, 음력으로 따진 일 년의 날수와 같아요. 원기둥으로 쌓은 석단은 27단인데, 맨 위의 우물 정(井)자 모양의 돌까지 합하면 모두 28단이에요. 기본 별자리 28수를 상징한다고 생각해 볼 수 있어요. 네모난 창 아래위 12단의 석단은 12달, 24절기를 의미한다고 합니다. 그 창 아래로 사다리를 걸쳤던 흔적이 남아 있어, 이곳을 통해 출입하면서 관측했을 거라고 추측해요. 내부는 이 창 높이까지 흙으로 메워져 있어요.

나라의 힘을 모은 황룡사 9층 목탑

신라는 삼국 중 불교를 가장 늦게 받아들였지만, 백성들의 마음을 하나로 모으기 위해 적극적으로 불교를 퍼뜨렸어요. 신라 사람들은 금성 곳곳에 절과 탑을 세웠는데, 그 모습이 마치 "절은 하늘의 별처럼 흩어져 있고, 탑은 기러기처럼 줄지어 나는 듯 하였다."고 해요.

선덕 여왕은 불교의 힘으로 나라를 지키기 위해 탑을 만들기로 했어요. 그런데 신라의 건축 기술로는 어렵다고 생각하여, 백제의 장인 아비지를 불러 황룡사 9층 목탑을 2년 만에 세웠어요. 황룡사 9층 목탑은 600여 년을 이어 오다가, 고려 시대에 몽골의 침입으로 안타깝게 불타 사라졌어요. 현재 원래 모습대로 다시 세우기 위해 노력중이에요.

철이 풍부했던 가야의 문화

가야는 우수한 철기 문화를 바탕으로 성장한 나라예요.
철을 이용해 이웃 나라들과 활발하게 교류를 하였는데,
가야는 다른 나라에 비해 뛰어난 무기와 갑옷을 만들었어요.
철은 다양한 철기를 만드는 데 사용되면서도, 값어치가 높아서
돈으로 사용하기도 하였어요. 철로 물건을 사고팔기도 하였지요.
철이 엄청난 부를 상징하기 때문에 무덤에 껴묻거리로 넣어 주기도 하였어요.
가야는 바닷길을 이용해 우수한 철과 철로 만든 물건을 이웃 나라,
특히 일본에 수출하기도 하였어요.

*껴묻거리: 장례를 치를 때 시체와 함께 넣는 물건.

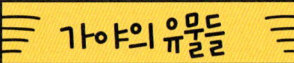
가야의 유물들

덩이쇠

가야 투구

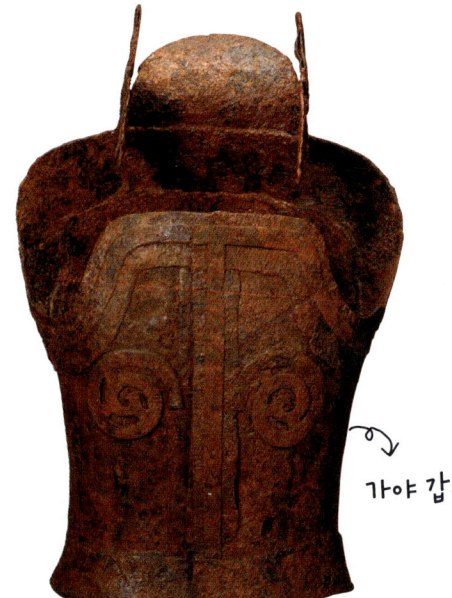
가야 갑옷

뿔잔

오리모양 그릇

수레바퀴모양 토기

'순장이 뭐예요?'

경북 고령군 지산동 고분은 대가야의 유적이에요.
특히 44호분 무덤은 당시 순장한 무덤 중에 규모가 가장 커요.

순장이란 무덤 주인을 위해 사람이나 동물을 죽여서
함께 묻는 풍습을 말해요.
요즘에는 이해할 수 없는 끔찍한 일이지만,
당시 사람들은 죽음 이후에도
삶이 계속된다고 여겼기 때문에
죽음 이후에도 무덤의 주인을 위해
시종들과 신하들을 함께 묻은 거예요.

고령 지산동 고분군
가야 귀족들의 무덤이 모여 있어요.

통일신라의 자랑스러운 문화재

삼국이 통일된 후, 고구려와 백제의 발달된 문화는 신라에 흡수되었어요. 신라의 전통 위에 고구려와 백제의 문화가 더해지면서 통일 신라의 문화가 한층 더 발전했어요. 그 대표적인 것이 바로 불국사랍니다.
불국사는 경주 토함산의 산자락에 있어요.
신라 사람들은 부처님의 나라를 만들기 위해 불국사를 세웠어요.
불국사에는 국보가 일곱 개나 있는데 모두 통일 신라 때 만들어졌어요.
그러니 무려 천 년이 넘는 절이에요.

천 년 전에 이런 대단한 건축물을 만들었다니! 대단해!!

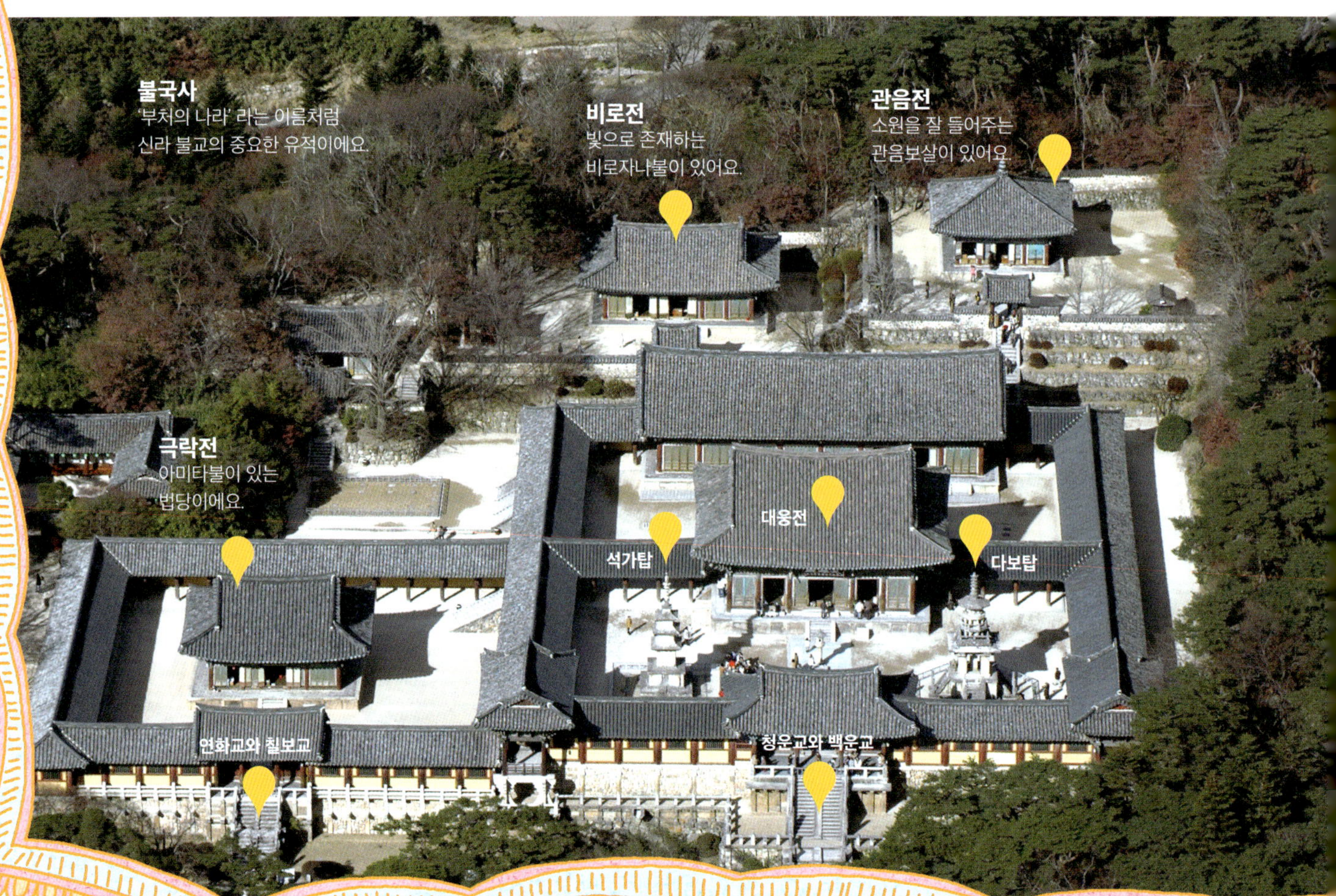

불국사
'부처의 나라' 라는 이름처럼 신라 불교의 중요한 유적이에요.

비로전
빛으로 존재하는 비로자나불이 있어요.

관음전
소원을 잘 들어주는 관음보살이 있어요

극락전
아미타불이 있는 법당이에요.

석가탑

대웅전

다보탑

연화교와 칠보교

청운교와 백운교

불국사에 있는 국보 일곱 개

불국사는 지진에도 굳건하게 견디는 과학적인 건축물이자, 부처의 세계가 잘 표현된 아름다운 건축물이에요. 신라 시대에 만들어져 지금까지 이어 온 절로, 역사적 가치를 널리 인정받고 있어요. 그래서 우리나라 문화유산으로는 석굴암과 더불어 유네스코 세계문화유산으로 가장 먼저 지정받았어요. 인류가 함께 지켜야 할 소중한 문화유산이 된 거예요.

다보탑
다보부처를 상징해서 다보탑이라고 해요.

석가탑
불국사 삼층 석탑이라고도 해요.

청운교와 백운교
석가모니를 만나러 가는 푸른 구름과 흰 구름을 의미하는 다리예요.

연화교와 칠보교
연꽃과 7가지 보물로 장식한 다리예요. 아미타불의 극락으로 가고 싶은 마음으로 이 다리를 밟았대요.

금동비로자나불좌상
통일신라 시대에 만들어진 것으로, 빛으로 존재하는 비로자나불을 표현했어요.

금동아미타여래좌상
통일신라 시대에 만들어진 것으로, 극락에 있는 아미타불을 표현했어요.

무구정광대다라니경
현재 남아 있는 목판 인쇄물 중 가장 오래된 것으로, 석가탑에서 발견되었어요.

과학성과 예술성을 인정받은 석굴암

석굴암은 세계가 인정한 최고의 건축물이에요. 종교나 예술, 과학으로 설명해도 뛰어나기 때문이에요. 불법을 지키는 수호신, 불교의 여러 신들, 부처의 제자들과 부처를 따르는 보살들, 그리고 가장 중요한 석가모니인 본존불이 표현되어 있지요. 또한 굉장히 딱딱한 돌인 화강암을 정과 망치로만 조각했어요. 그런데도 마치 살아 움직일 것 같은 느낌으로 부드럽고 생동감 있게 조각되어 있어요.

사천왕

금강역사 십대 제자

석굴암은 매우 과학적으로 만들었어요.
둥근 지붕과 사람들의 착시 현상을 고려한 조각들,
그리고 스스로 습기를 조절하는 능력이 있어요.
1,200여 년 신라 시대의 놀라운 과학 기술을
엿볼 수 있어요. 그래서 석굴암은 불국사와
더불어 유네스코 세계 문화유산으로 지정받았어요.

둥근 지붕
둥근 지붕을 만드는 건 정말 어려운 일이에요.
입구에 둥근 지붕을 받고 있는 기둥의 폭이
부처의 무릎 폭보다 좁거든요.

정말 대단한 과학 기술이야!

석굴암은 기도하는 사람의 눈높이에 맞게
불상의 위치를 맞췄어요. 가까운 것은
크게 보이고, 멀리 있는 것은 작게 보이는
사람의 착시 현상까지 고려해서 만들었답니다.

습도와 온도를 조절해요
석굴암이 위치한 토함산은 습기가 많은 산이라, 잘못하면 석굴암 안에 습기가 찰 수 있어요.
이것을 막기 위해 석굴암 바닥에 차가운 물을 흐르게 하였어요. 석굴암 안으로 들어온 습기가 더 차갑게 흐르는
바닥 아래의 물 때문에 아래로 모이게 되니까요. 차가운 습기는 아래로 내려가고, 따뜻한 공기는 위로 올라가게 했어요.
석굴암은 이렇게 습도를 스스로 조절할 수 있어요.

이 책에 실린 사진들

이 책에 실린 사진들은 저작권자의 허락을 받았으며, 사진들의 일부는 비용을 지불하고 사용을 허락받았습니다.
아울러 공공누리 저작물의 이용 조건에 맞게 수록하였습니다.
이 책의 사진들을 고르는 데 여러 가지로 조언해 주신 국립경주문화재연구소 임주희 선생님과
사진을 실을 수 있도록 허가해 주신 여러 기관과 담당자분들께 감사를 드립니다.

022	**국립중앙박물관 전경**-개인촬영(박물관북스)/ **국립한글박물관 전경**-국립한글박물관	
023	**훈민정음 해례본 영인본**-국립한글박물관/ **반구대암각화**-개인촬영(강형원)	
024	**주먹도끼, 빗살무늬토기**-국립중앙박물관	
030	**주먹도끼**-국립중앙박물관	
044	**움집(영암 장천리 선사주거지)**-출처: 문화재청	
050	**갈판과 갈돌**-국립전주박물관-출처: 조선대박물관 도록(빛나는 호남 10만년, 90쪽)/ **화살촉, 그물추**-국립중앙박물관	
043	**곤여만국전도(어람용)**-서울대학교 규장각 한국학연구소	
052	**빗살무늬토기**-국립중앙박물관	
053	**가락바퀴**-국립청주박물관	
054	**전곡 선사박물관, 서울 암사동 유적**-한국관광공사	
055	**갈판과 갈돌**-국립전주박물관-출처: 조선대박물관 도록(빛나는 호남 10만년, 90쪽)	
	주먹도끼, 빗살무늬토기, 화살촉, 그물추-국립중앙박물관/ **가락바퀴**-국립청주박물관	
056	**청동 방울**-국립중앙박물관	
057	**쇠 갈퀴, 쇠 투겁창**-국립김해박물관	
058	**농경문 청동기**-국립중앙박물관	
064	**청동 거울**-국립중앙박물관	
065	**요령식 동검, 청동 방울**-국립중앙박물관	
072	**고인돌**-강화도 고인돌유적지-개인촬영(박물관북스)	
075	**쇠 갈퀴, 쇠 화살촉, 쇠 칼, 쇠 투겁창**-국립김해박물관/ **쇠 보습**-국립경주박물관	
	쇠 낫, 철정, 쇠 손칼-국립중앙박물관/ **쇠 도끼**-국립전주박물관	
080	**부여 송국리 유적지, 고창고인돌박물관**-한국관광공사	
081	**민무늬 토기, 청동 방울, 청동 거울, 돌보습, 반달돌칼**-국립중앙박물관/ **고인돌**-강화도 고인돌유적지-개인촬영(박물관북스)	
083	**북한산 진흥왕 순수비**-한국관광공사	
102	**칠지도(모조품)**-국립중앙박물관	
110	**단양 신라 적성비**-문화재청/ **북한산 신라 진흥왕 순수비**-한국관광공사	
114	**임신서기석**-국립경주박물관	
118	**가야 갑옷**-국립중앙박물관	
119	**가야금**-국립국악원	
120	**한성백제박물관, 국립경주박물관**-한국관광공사	

121	**광개토 대왕릉비 (복제품)**-구리시청/ **북한산 신라 진흥왕 순수비**-한국관광공사/ **임신서기석**-국립경주박물관/ **칠지도(모조품)**-국립중앙박물관
138	**연가칠년명 금동불입상, 경주 석조미륵삼존불**-국립중앙박물관/ **서산마애삼존불상**-개인촬영(강형원)
139	**경주 분황사 모전 석탑**-경주시청/ **부여 정림사지 5층 석탑, 백제 미륵사지 석탑 (복원전, 복원후)**-문화재청
141	**전쟁기념관 역사실**-개인촬영(임주희)/ **부여 정림사지 5층 석탑**-문화재청
142	**불국사, 석굴암**-경주시청
143	**서역인 원성왕릉 무석인**-개인촬영(강형원)/ **수막새(발해)**-국립중앙박물관
145	**경주 문무대왕릉**-한국관광공사/ **감은사지**-경주시청
147	**불국사, 석굴암**-경주시청
154	**서역인 원성왕릉 무석인, 서역인 흥덕왕릉 무석인**-개인촬영(강형원)
157	**왕오천축국전**-게티이미지
166	**수막새(발해, 고구려, 백제, 통일 신라, 일본)**-국립중앙박물관/ **경주 월지**-개인촬영(김원미)/ **발해 치미**-개인촬영(박물관북스)
167	**국립중앙박물관 발해실(발해의 문서, 불교 유물)**-개인촬영(강형원)/ **견고구려사 목간**-개인촬영(강형원)
168	**경주 문무대왕릉**-한국관광공사/ **동궁과 월지**-개인촬영(김원미)
169	**원성왕릉 무석인**-개인촬영(강형원)/ **황남대총 금팔찌, 황남대총 은제잔, 유리제 잔, 목걸이, 장식 보검**-국립경주박물관
	수막새(발해, 고구려, 백제, 통일 신라, 일본)-국립중앙박물관
172	**안악 3호분(대행렬도), 안악3호분(부엌, 고깃간, 우마차)**-한성백제박물관
173	**무용총 무용도, 무용총 수렵도**-한성백제박물관
174	**강서대묘의 청룡, 백호, 주작, 현무**-한성백제박물관
175	**호우총 청동 그릇, 짐승무늬 수막새, 연꽃무늬 수막새, 못신, 봉황모양꾸미개**-국립중앙박물관
	불꽃맞새김무늬관, 맞새김무늬꾸미개-국립중앙박물관 전시실-개인촬영(박물관북스)
176	**무령왕릉 나무관**-국립공주박물관 전시실/ **무령왕릉 중국 동전**-한국관광공사
177	**무령왕릉 석수, 무령왕비 금제관식, 무령왕 금제관식, 무령왕 금귀걸이, 무령왕비 베개, 무령왕 베개,**
	무령왕릉 청동 거울, 연꽃무늬 잔-국립공주박물관
178	**백제금동대향로**-국립부여박물관
180	**천마총, 황남대총**-개인촬영(김원미)/ **황남대총 북분 금관**-국립경주박물관/ **경주 부부총 금귀걸이**-국립중앙박물관
181	**봉수형 유리병, 토우 장식 항아리**-국립경주박물관/ **기마 인물형 토기**-국립중앙박물관
182	**첨성대**-경주시청
184	**가야 갑옷**-국립중앙박물관/ **덩이쇠, 가야 투구, 뿔잔, 오리모양 그릇, 수레바퀴모양 토기**-국립김해박물관
185	**지산동 고분**-문화재청
186	**불국사 드론 사진**-경주시청
187	**다보탑, 석가탑, 청운교와 백운교, 연화교와 칠보교, 금동비로자나불좌상**-경주시청
	금동 아미타여래좌상-문화재청/ **무구정광대다라니경 복제**-경주시청
188	**석굴암 전경, 사천왕, 금강역사, 십대제자**-경주시청/ **석굴암 본존**-문화재청
189	**석굴암**-문화재청/ **경주 석굴암**-한국관광공사